CRIANDO FILHOS PARA DEUS

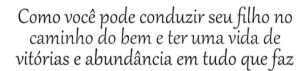

Como você pode conduzir seu filho no caminho do bem e ter uma vida de vitórias e abundância em tudo que faz

Editora Appris Ltda.
1.ª Edição - Copyright© 2025 dos autores
Direitos de Edição Reservados à Editora Appris Ltda.

Nenhuma parte desta obra poderá ser utilizada indevidamente, sem estar de acordo com a Lei nº 9.610/98. Se incorreções forem encontradas, serão de exclusiva responsabilidade de seus organizadores. Foi realizado o Depósito Legal na Fundação Biblioteca Nacional, de acordo com as Leis nos 10.994, de 14/12/2004, e 12.192, de 14/01/2010.

Catalogação na Fonte
Elaborado por: Dayanne Leal Souza
Bibliotecária CRB 9/2162

V658c
2025
	Vieira, Mazinho
	   Criando filhos para Deus: como você pode conduzir seu filho no caminho do bem e ter uma vida de vitórias e abundância em tudo que faz / Mazinho Vieira. – 1. ed. – Curitiba: Appris, 2025.
	   127 p. ; 21 cm.
	
	ISBN 978-65-250-7722-2
	
	1. Educação. 2. Fé. 3. Riqueza. 4. Amor. 5. Espiritualidade. 6. Felicidade. I. Título.
	
	CDD – 370

Editora e Livraria Appris Ltda.
Av. Manoel Ribas, 2265 – Mercês
Curitiba/PR – CEP: 80810-002
Tel. (41) 3156 - 4731
www.editoraappris.com.br

Printed in Brazil
Impresso no Brasil

Mazinho Vieira

CRIANDO FILHOS PARA DEUS

Como você pode conduzir seu filho no caminho do bem e ter uma vida de vitórias e abundância em tudo que faz

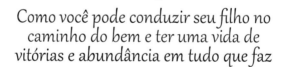

Curitiba, PR
2025

FICHA TÉCNICA

EDITORIAL	Augusto V. de A. Coelho
	Sara C. de Andrade Coelho
COMITÊ EDITORIAL	Ana El Achkar (Universo/RJ)
	Andréa Barbosa Gouveia (UFPR)
	Jacques de Lima Ferreira (UNOESC)
	Marília Andrade Torales Campos (UFPR)
	Patrícia L. Torres (PUCPR)
	Roberta Ecleide Kelly (NEPE)
	Toni Reis (UP)
CONSULTORES	Luiz Carlos Oliveira
	Maria Tereza R. Pahl
	Marli C. de Andrade
SUPERVISORA EDITORIAL	Renata C. Lopes
PRODUÇÃO EDITORIAL	Sabrina Costa
REVISÃO	Viviane Maria Maffessoni
DIAGRAMAÇÃO	Amélia Lopes
CAPA	Carlos Pereira
REVISÃO DE PROVA	Alice Ramos

AGRADECIMENTOS

Mais um sonho realizado! Depois da alegria de lançar os livros infantis *Bruno, o Leão Bonzinho* e *O Indiozinho Bajara* – que, graças a Deus, foram um sucesso –, nasceu em mim o desejo e a inspiração de escrever para o público adulto. O mais gratificante disso tudo é saber que esta obra servirá não apenas aos pais, mas também aos filhos que desejam construir uma família firmada nos princípios de Deus, os mais valiosos de toda a existência. Hoje, meu coração transborda de felicidade por contribuir, ainda que um pouco, para que o mundo tenha a oportunidade e a honra de criar filhos para Deus. Esse é um legado inestimável, cujo valor não pode ser medido. Por isso, minha gratidão e reconhecimento, em primeiro lugar, são para Deus.

Agradeço, em memória, ao meu saudoso pai, "Deminha", que me deixou um legado de fé e confiança em Deus. Foi ele quem me conduziu aos braços do Senhor com suas palavras de sabedoria. Sempre dizia: "Má, eu nem preciso falar de Jesus Cristo para você, porque eu já te vejo no púlpito adorando a Deus". Essas palavras jamais saíram do meu coração, e acredito que foi essa semente de amor e fé que me levou até Deus.

A minha esposa, "Martinha", minha eterna companheira, expresso minha profunda gratidão pelo amor e dedicação a mim e aos nossos filhos. Mulher virtuosa, guerreira, mãe zelosa que não foge à luta, sempre preocupada com o bem-estar e crescimento da nossa família. Admiro imensamente essa mulher incrível!

Aos meus filhos, "Maria Mariana e João Pedro", minha razão de viver. Vocês são presentes preciosos de Deus, e eu os amo com todo o meu coração. Cuido de vocês com amor e dedicação, esperando guiá-los para Deus, assim como um dia meu pai fez comigo.

À minha mãe, "Lígia Maria", vai todo o meu carinho e amor. Foi ela quem me carregou por nove meses, quem cuidou de mim quando eu era apenas um bebê e não sabia caminhar. Mãe, sou eternamente grato por tudo. Obrigado!

Aos meus irmãos, "Mauro e Maione", pelo laço de união que sempre nos manteve próximos. Amo muito vocês!

Ao meu amigo e irmão "Dayan Moshe", minha gratidão por prefaciar este livro. Ter você nesta obra é uma honra imensa para mim.

Ao meu amigo "Cláudio", da Brasmáquinas, muito obrigado pelo apoio. Deus te abençoe sempre, assim como a sua família.

Ao amigo "Joaribe", da Guarecompe, minha gratidão por mais uma vez estar ao meu lado. Que Deus abençoe e ilumine sua vida e a de sua família todos os dias.

Dedico este livro ao Divino Criador, o grande arquiteto de todas as coisas, o Deus da Bíblia. Dele vem toda a inspiração que habita em mim, pois creio que, antes mesmo de eu conceber este trabalho, Ele já o havia concluído dentro de mim. Tudo o que escrevo é apenas a manifestação do que Ele, em Sua infinita sabedoria, já havia preparado.

Por isso, a Ele entrego toda a glória, honra e louvor.

APRESENTAÇÃO

Seja bem-vindo ao fascinante universo de *Criando filhos para Deus*. É com imenso prazer que lhe apresento este livro, cuidadosamente elaborado para guiá-lo na emocionante jornada da paternidade e da maternidade sob a luz das Escrituras. Nesta obra, você encontrará ferramentas e reflexões que não apenas dividirão sabedoria, mas também trarão à tona o amor profundo manifestado por Deus em nossa relação com os filhos.

Neste primeiro contato, quero prepará-lo para o que está por vir. Cada capítulo deste livro é como uma peça de um quebra-cabeça que, ao ser montado, revela o retrato de crianças que crescem em fé, amor e responsabilidade. Você se encontrará imerso em princípios que não só fortalecerão sua ligação com seus filhos, mas também os equiparão para enfrentar os desafios e alegrias da vida com confiança e propósito.

O capítulo 1, "O chamado de ser pai e mãe", apresenta a educação dos filhos na fé é como uma das missões mais desafiadoras e gratificante que Deus nos confia. Baseando-se em Provérbios 22:6, este capítulo destaca a importância de formar um alicerce espiritual sólido desde a infância. Mostraremos como os pais podem ser exemplos vivos do amor divino, influenciando seus filhos por meio de uma fé autêntica no dia a dia.

Vamos explorar práticas simples, como orar em família, contar histórias bíblicas e incentivar atitudes de bondade, além de destacar o papel da comunicação aberta e do amor incondicional na formação do caráter. Educar com fé é plantar sementes que florescem em uma vida plena e abençoada.

No capítulo 2, "Fundamentos da educação cristã", abordaremos a importância das virtudes como base para a formação do caráter de nossos filhos. Elas são mais do que palavras; são princípios que guiam nossas ações e decisões no dia a dia. Como pais, temos a responsabilidade de ensinar virtudes de forma prática e consistente, para que nossos filhos se tornem pessoas íntegras e confiantes.

O cotidiano familiar é um espaço valioso para o ensino dessas virtudes. Desde simples gestos, como ajudar o próximo, até histórias bíblicas, podemos cultivar valores como generosidade, respeito e amor. No entanto, o exemplo é o maior ensinamento; as crianças aprendem mais com nossas ações do que com nossas palavras.

Ao longo dessa jornada, encontraremos desafios, mas é importante lembrar que o erro é uma oportunidade de aprendizado. Ao criar um ambiente de amor e perdão, ensinamos a resiliência e cultivamos virtudes, formando filhos que, no futuro, serão exemplos de bondade e caráter para o mundo.

No capítulo 3, "A importância da disciplina moral", abordaremos a disciplina moral, que vai além de ensinar regras, pois se baseia no amor e na comunicação aberta. Como pai, percebo que o maior desafio é criar um ambiente onde os filhos se sintam à vontade para compartilhar seus sentimentos. Perguntas simples, como "O que te fez feliz hoje? ", ajudam a abrir um diálogo profundo e a validar suas emoções, criando um espaço seguro para que se expressem.

Estabelecer limites claros também é crucial. As regras, quando explicadas com amor, não são punições, mas sim formas de cuidado. Ensinar os filhos o valor da empatia e da responsabilidade, mesmo nas dificuldades, prepara-os para um mundo cheio de escolhas.

A disciplina, no entanto, envolve o perdão. Todos erramos, e o perdão é essencial para restaurar relações e ensinar a moralidade. Ensinar nossos filhos a perdoar e aprender com seus erros é uma das maiores lições que podemos deixar.

Este capítulo é um convite para refletirmos sobre como estamos moldando os corações e as mentes de nossos filhos, guiando-os com amor, limites e, principalmente, com perdão.

No capítulo 4, "Cultivando o amor e o respeito", abordaremos a importância de plantar sementes de amor e respeito no coração dos filhos desde a infância. Os valores essenciais que cultivamos em casa moldam não apenas o comportamento, mas também o caráter de nossos filhos, influenciando como eles interagem com o mundo ao seu redor. O papel dos pais é fundamental nesse processo, pois nossas ações diárias são o reflexo dos valores que transmitimos.

Cada momento de convivência, cada diálogo é uma oportunidade de ensinar virtudes como a honestidade, o perdão e a compaixão. Ao contar histórias bíblicas, podemos mostrar aos nossos filhos que a transformação e a bondade começam dentro de nós. Além disso, ao vivermos o amor, o respeito e a compaixão em nosso dia a dia, ensinamos pelo exemplo.

Neste capítulo, convido os pais a refletirem sobre suas ações, a viverem os valores cristãos no cotidiano e a se empenharam em cultivar um lar onde o amor e o respeito sejam a base para o crescimento saudável e feliz de seus filhos.

No capítulo 5, "Modelando valores por meio do exemplo", abordaremos como a prática diária é fundamental para ensinar valores aos nossos filhos. Não basta falar sobre amor, respeito e honestidade; é preciso vivê-los. Cada momento em família, como as refeições ou rituais de gratidão, pode se tornar uma oportunidade de ensinar valores de forma prática, como generosidade e compaixão. A consistência é essencial; as crianças observam nossas ações e percebem quando não praticamos o que pregamos. Quando erramos, reconhecer e pedir perdão é uma poderosa lição de humildade. Também é importante ouvir ativamente os filhos, criando um ambiente de confiança e respeito. Além disso, integrar ensinamentos bíblicos na rotina, como histórias e versículos, reforça os valores cristões, ajudando as crianças a refletirem e aplicá-los em suas vidas. Ao viver esses valores, estamos criando um ambiente onde o amor, a empatia e a generosidade são cultivados e praticados.

Já no capítulo 6, falaremos sobre "A importância da corresponsabilidade na criação dos filhos". A corresponsabilidade não é um conceito abstrato, mas uma prática diária que envolve todos os membros da família. Cada um, seja pai, mãe, filho ou irmão, desempenha um papel fundamental para que o lar seja um ambiente saudável e harmonioso.

Entender que a criação dos filhos não é apenas responsabilidade dos pais, mas um esforço conjunto que abre espaço para que todos se sintam valorizados e envolvidos no processo educativo. Pequenos gestos, como ajudar nas tarefas de casa ou compartilhar sentimentos, reforçam o senso de pertencimento e responsabilidade, especialmente nas crianças.

A rotina diária, com suas necessidades e desafios, muitas vezes nos faz esquecer a importância da colaboração mútua. Por isso, é essencial que, mesmo nos momentos mais corridos, possamos criar uma dinâmica familiar em que todos se sintam parte de algo maior. A corresponsabilidade não se limita ao que acontece dentro de casa, ela também é um aprendizado que prepara os filhos para sua participação ativa e solidária na sociedade.

Além disso, ao aplicar a corresponsabilidade, estamos criando um ambiente sólido para o desenvolvimento de um lar em que a comunicação, o respeito e a empatia fluam naturalmente. Este capítulo trará sugestões práticas sobre como implementar essa corresponsabilidade no dia a dia da família, com o objetivo de fortalecer laços e criar um ambiente em que o amor e o respeito sejam vivenciados por todos.

O capítulo 7, "Comunicação aberta: diálogos construtivos em família" é um convite para que pais e filhos se sentem à mesa para um diálogo respeitoso e significativo. Compreender a importância da comunicação transparente é vital para a construção de um relacionamento saudável. Este capítulo mostrará como criar ambientes seguros, nos quais os sentimentos podem ser compartilhados e a confiança se torna um alicerce sólido nas relações familiares.

A partir daí, adentraremos no capítulo 8 "O caminho do perdão: resolva conflitos com a palavra". O perdão é, sem dúvida, um dos ensinamentos mais transformadores do Evangelho. Este capítulo não só destacará a relevância do ato de perdoar no contexto familiar, como também oferecerá maneiras práticas de compartilhar com seus filhos esse valor inestimável.

No capítulo 9, exploraremos o tema "Confiando na providência de Deus: enfrentando desafios". A vida pode, às vezes, parecer uma montanha-russa de altos e baixos, e ensinar seus filhos a confiar na providência divina os ajudará a navegar por esses desafios com esperança e fé, fortalecendo não apenas a relação familiar, mas também a espiritual.

O papel da igreja e da comunidade na formação de valores se torna evidente no capítulo 10, "Vivendo em comunidade: a importância da igreja na educação". Aqui, será destacado como a interação com outros membros da fé é fundamental para o crescimento espiritual e emocional das crianças.

Seguindo adiante, o capítulo 11, "Preparando-os para o futuro: foco e perseverança", enfatizará a importância da resiliência e da determinação. As histórias de indivíduos que construíram suas vidas com base em princípios de fé servirão como inspiração e motivação para a nova geração.

Finalmente, no capítulo 12, nossa conclusão, refletiremos sobre "O legado que deixamos". O que desejamos que nossos filhos aprendam e levem adiante? O que será vital para eles na jornada da vida? Este último capítulo será a cereja do bolo: um convite à reflexão profunda sobre os valores e ensinamentos que queremos perpetuar.

Em cada uma dessas seções, será incentivado um envolvimento ativo entre pais e filhos, sempre buscando fortalecer esse vínculo essencial. Que as reflexões aqui apresentadas ajudem a moldar um ambiente familiar em que o amor e a fé sejam cultivados e em que cada um se sinta valorizado e ouvido.

Prepare-se para uma leitura transformadora! Ao longo do caminho, espero que você descubra novos horizontes de compreensão e prática, que trarão não apenas esperança, mas também a segurança de que está realmente fazendo a diferença na vida de seus filhos.

Com isso, desejo uma boa leitura, repleta de reflexões, descobertas e, acima de tudo, amor.

Atenciosamente,

Mazinho Vieira

PREFÁCIO

Prefaciar o novo livro de meu querido amigo e colega Mazinho Vieira é uma tarefa que me deixa honrado e orgulhoso, pela capacidade intelectual do autor em produzir um conteúdo tão pertinente para este tempo. Sinto honra e orgulho porque conheço o talento pessoal e profissional do autor, com quem tenho compartilhado muitos encontros pessoais e profissionais nos últimos anos, que sempre me enriquecem com sua palavra bem medida e sua experiência de artista que sempre foi.

Mazinho Vieira é um músico reconhecido na Bahia e no Nordeste do Brasil por meio de suas canções, que atravessaram fronteiras. Mas, o seu talento não ficou privado apenas à música, ele se enveredou a escrever, e seus textos publicados têm se tornado uma fonte de educação a partir de lindas histórias infantis promovidas em escolas e colégios. É nesta obra que ele se consagra como um grande escritor, pautado na necessidade que a sociedade tem em buscar novas rotas de leitura, que podem influenciar para uma educação saudável das novas gerações.

Nesta sua nova obra, Mazinho se dirige aos pais, mas atinge profundamente o coração dos filhos, com uma linguagem leve e informal. Trata temas relevantes e profundos de uma forma sensível e objetiva, que faz o leitor se deleitar e se atentar para cada orientação e aconselhamento que uma família pode e deve ter em seu convívio diário. Sua experiência como terapeuta lhe dá a segurança de como verbalizar palavras, contos, histórias e brincadeiras que devem ser vividas na família com a intenção de promover o respeito e a unidade dela.

Sua obra tem 12 capítulos e inicia mostrando a importância do relacionamento que os pais podem desenvolver com seus filhos, transmitindo uma comunicação aberta com eles e vivenciando o chamado de ser pai e mãe num momento em que esses papéis estão confusos e mal explicados frente a uma sociedade secularizada. A sensibilidade do autor o levou a buscar, na Bíblia, pressupostos que norteiam todo o livro, e faz com que pais e filhos utilizem a Palavra de Deus como um diário que pode ser vivido de forma leve, sem perder o peso da consideração e o respeito pelo livro sagrado.

O livro de Mazinho ressalta a importância de construir pontes em vez de muros entre pais e filhos, permitindo sempre uma porta aberta de acesso no convívio emocional entre eles. Por meio de virtudes que são construídas pelo vínculo mútuo e valores norteadores para o futuro das crianças, elas aprendem a desenvolver a empatia e o amor nos relacionamentos. Cada capítulo é recheado de histórias práticas e orientações aos pais quanto aos melhores métodos de comunicação com seus filhos.

Além disso, Mazinho discute a importância de preparar os filhos para o futuro, cultivando o propósito da vida em suas mentes e corações e ensinando-os a praticar a gratidão, na intenção de valorizar cada detalhe da vida. Um legado que os pais precisam deixar para seus filhos: é exatamente assim que o autor deseja comunicar – um valor que possa inspirar os filhos nos caminhos diversos que eles seguirão. Esse valor é sentido e percebido em cada página deste livro incrível, no qual Mazinho faz questão de frisar ao revelar que tal virtude vem de um relacionamento com o Pai do Céu.

O leitor tem em mãos um livro magnífico, que deixa escapar, em cada página, um pão espiritual para as famílias. Com um vocabulário acessível, pode ser digerido a qualquer momento e em qualquer lugar. Mas, é à mesa que Mazinho reforça que o pão deve ser servido e compartilhado: pão de letras e sonhos, de tinta e de desenhos mentais, de ensinos e orientações, sempre pautados em sua experiência como artista, cantor, escritor e terapeuta. Este livro, de caráter portentoso, agora é nosso como um presente para o hoje e para o amanhã – um legado para pais e filhos no desenvolvimento de uma família inspiradora e saudável.

Dayan Moshe Sousa Cotrim
Psicólogo clínico, treinador de cérebros e doutor em Psicologia.

SUMÁRIO

CAPÍTULO 1
O CHAMADO DE SER PAI E MÃE 21

CAPÍTULO 2
FUNDAMENTOS DA EDUCAÇÃO CRISTÃ 29

CAPÍTULO 3
A IMPORTÂNCIA DA DISCIPLINA AMOROSA 38

CAPÍTULO 4
CULTIVANDO O AMOR E O RESPEITO 48

CAPÍTULO 5
MODELANDO VALORES POR MEIO DO EXEMPLO 57

CAPÍTULO 6
A IMPORTÂNCIA DA CORRESPOSABILIDADE
NA CRIAÇÃO DAS CRIANÇAS 65

CAPÍTULO 7
COMUNICAÇÃO ABERTA: DIÁLOGOS CONSTRUTIVOS
EM FAMÍLIA 74

CAPÍTULO 8
O CAMINHO DO PERDÃO: RESOLVA CONFLITOS
COM A PALAVRA 83

CAPÍTULO 9
CONFIANDO NA PROVIDÊNCIA DE DEUS:
ENFRENTANDO DESAFIOS 92

CAPÍTULO 10
VIVENDO EM COMUNIDADE: A IMPORTÂNCIA
DA IGREJA NA EDUCAÇÃO 101

CAPÍTULO 11
PREPARANDO-OS PARA O FUTURO:
FOCO E PERSEVERANÇA 109

CAPÍTULO 12
CONCLUSÃO: O LEGADO QUE DEIXAMOS 117

QUERIDO LEITOR 125

CAPÍTULO 1

O CHAMADO DE SER PAI E MÃE

Quando se trata de criar nossos filhos, um dos desafios mais profundos e gratificantes que enfrentamos é fazer isso em sintonia com a fé. Provérbios 22:6 nos ensina: "Ensina a criança no caminho em que deve andar, e ainda quando for velho não se desviará dele." Essa passagem é um pilar fundamental na jornada de criação dos filhos, apontando para a importância de plantar as sementes da espiritualidade desde os primeiros passos, pois esses ensinamentos formam a base sobre a qual construirão suas vidas.

Vamos refletir sobre o quão essencial é esse alicerce no processo de educação: a espiritualidade não é apenas uma prática; é um modo de vida. Um ambiente em que o amor por Deus é cultivado se torna um lar acolhedor, acolhido pela graça e pelas oportunidades de aprender não apenas os princípios do mundo, mas também os valores imutáveis da Palavra de Deus.

Os pais, nesse contexto, são mais do que meros cuidadores; são representantes do amor divino para seus filhos, espelhos que refletem as verdades que desejam instilar. Ao verem seus pais se ajoelhando em oração, lendo a Bíblia ou simplesmente vivendo uma vida de fé autêntica, as crianças aprendem não apenas sobre a história de um Deus amoroso, mas também sobre o valor de se relacionar com Ele em todas as situações. As histórias bíblicas de figuras como Noé e Abraão, que cultivaram sua fé de forma ativa, mostram a importância da influência parental. Noé, por exemplo, não apenas seguiu instruções divinas, mas se dedicou a construir uma arca, e sua fé firme salvou sua família em tempos de grande angústia. Esse é um lembrete poderoso de que o exemplo do pai pode guiar o filho por caminhos eternos e retos.

A casa deve ser vista como um templo espiritual, um espaço protegido em que a fé é cultivada todos os dias. E como podemos fazer isso efetivamente? Dia após dia, práticas como orar juntos, compartilhar histórias bíblicas antes de dormir e ter diálogos sobre a importância da fé em momentos difíceis e desafiadores são maneiras de injetar espiritualidade na vida familiar. Quando um filho vê seus pais enfrentando adversidades com coragem e oração, aprende a fundir sua fé com suas ações, forjando um caráter resiliente e enraizado em Deus.

Com essas sementes bem plantadas, a visão de um futuro radiante se desdobra: filhos que crescerão firmes em princípios, que serão estratégias de amor e esperança, moldados por uma criação centrada na fé. E assim, vamos avançar. Que cada um de nós, como pais, abrace essa jornada sagrada com o coração aberto e os braços estendidos, prontos para guiar nossos filhos ao longo do magnífico caminho que Deus preparou para eles.

A formação do caráter e das virtudes é uma responsabilidade primordial, que deve ser encarada com seriedade e dedicação. Os valores que implantamos na vida de nossos filhos moldarão não apenas quem eles são, mas também como se comportarão no mundo ao seu redor. Nesse processo, a sabedoria bíblica é um guia inestimável, oferecendo fundamentos sólidos por meio de suas verdades eternas.

Quando falamos em caráter, é essencial, primeiro, definirmos o que isso realmente significa. O caráter pode ser compreendido como o conjunto de qualidades morais que orientam nossas ações e decisões. É algo que se forma ao longo do tempo, por meio de influências e experiências. As escrituras nos ensinam, em Provérbios 1:7, que "O temor do Senhor é o princípio do conhecimento". Portanto, ao educar nossos filhos sobre a importância de honrar a Deus e ao próximo, estamos firmando a base para um caráter virtuoso, que se alicerça no respeito, no amor e na justiça.

Falar sobre virtudes é essencial. Por meio da Bíblia, podemos apresentar aos nossos filhos um conjunto de atitudes que eles devem cultivar: amor, bondade, paciência, autocontrole e respeito. Cada uma dessas virtudes se torna um ensinamento que, se absorvido, estará presente em ações, reações e decisões futuras. A passagem de Gálatas 5:22-23 menciona os frutos do Espírito, como amor, alegria, paz e paciência, entre outros. Esses frutos não são apenas palavras, mas sim guias práticos para a convivência em sociedade.

Mas como podemos instigar essas virtudes em nossos pequenos? Aqui, a interação diária e as vivências práticas se tornam ferramentas poderosas. Realizar atividades familiares que promovam a solidariedade, como ajudar em um abrigo ou participar de campanhas sociais, não só ensina a importância do serviço, mas também proporciona a vivência prática dessas características. Envolver as crianças em exercícios de generosidade, por exemplo, as ajuda a entender que o amor se manifesta em ações.

Outra forma valiosa de reforçar a formação do caráter é contar histórias. Contar a história do bom samaritano, por exemplo, não é somente um relato, mas um convite à reflexão sobre a importância da compaixão e do auxílio ao próximo. Encorajar os filhos a expressarem seus sentimentos, a serem honestos em suas interações e a respeitar a diversificação entre pessoas são práticas que devem ser diárias.

Além disso, promover um ambiente em que as falhas sejam tratadas como oportunidades de aprendizado é fundamental. Ninguém é perfeito, e criar filhos que saibam aceitar erros e aprender com eles é uma habilidade essencial para a vida. Dentro de casa, cada episódio de conflito não deve ser apenas um motivo para correção, mas uma chance de ensinar sobre perdão, empatia e reconciliação, refletindo a graça de Deus em nossas ações.

À medida que caminhamos na formação do caráter e das virtudes de nossos filhos, entendemos que esse processo é semelhante ao cultivo de um jardim: ele requer paciência, dedicação e, acima de tudo, amor. Com o tempo, as sementes plantadas começarão a florescer, produzindo frutos que glorificam não somente as famílias, mas também Deus, que nos chama a sermos pais tementes e virtuosos. Que, em cada ação, palavra e ensinamento, possamos sempre refletir o amor divino e a sabedoria que encontramos nas Sagradas Escrituras.

A educação dos filhos é uma missão sagrada e, como tal, merece ser tratada com amor, sabedoria e determinação. Em Efésios 6:4, somos exortados: "E vós, pais, não provoqueis a ira a vossos filhos; mas criai-os na disciplina e na admoestação do Senhor". Esses ensinamentos são um lembrete profundo da responsabilidade que temos em nutrir não apenas a mente, mas também o coração e a alma de nossos filhos.

É importante que os pais entendam que a educação não se resume a um simples acúmulo de informações. A verdadeira educação, aquela que transforma, é aquela que une conhecimento com princípios. Assim, é imprescindível que o ensino bíblico faça parte desse processo de aprendizado. As histórias da Palavra de Deus não são meras narrativas; são lições de vida, repletas de valores que moldam o caráter e a integridade. Um método eficaz de integrar esses ensinamentos no cotidiano familiar é contar histórias bíblicas de maneira envolvente. Reunir a família ao redor de uma mesa ou em um ambiente acolhedor e narrar as aventuras de Moisés, a coragem de Daniel entre os leões ou a sabedoria de Salomão provoca um encantamento que faz com que a verdade se torne viva e palpável.

Além disso, a dramatização de histórias pode ser uma poderosa estratégia de ensino. Envolver as crianças em encenações que retratem as lições bíblicas proporciona uma nova perspectiva sobre os valores que desejamos ensinar. Essa abordagem estimula a criatividade, reforça os ensinamentos de forma lúdica e provoca diálogos significativos sobre a moral e a ética, enquanto os valores e princípios se tornam parte integrante do cotidiano dos pequenos.

Mas não se pode esquecer da importância de conectar o ensino bíblico com a educação secular. Os pais precisam ajudar seus filhos a ver a intersecção entre o que aprendem na escola e os princípios de Deus. Muitas vezes, os desafios enfrentados na vida escolar podem gerar inseguranças e dúvidas nas crianças. Ao mostrar, por exemplo, como a honestidade e o respeito à verdade são valorizados em Provérbios 12:22 – "Os lábios mentirosos são abomináveis ao Senhor, mas os que agem fielmente são o seu deleite" –, os pais oferecem um suporte psíquico e emocional, que faz com que as crianças se sintam mais fortes e equipadas para enfrentar esses desafios.

Outra estratégia efetiva é a aplicação de práticas diárias que penetrem na vida dos filhos. É preciso criar momentos para conversar sobre como aplicar as orientações bíblicas nas pequenas interações cotidianas — seja ao lidar com um amigo na escola ou ao enfrentar um conflito no grupo de atividades. Essas conversas informais, mas ricas em princípios, constroem um alicerce sólido na formação de cidadãos íntegros e respeitosos. Incentivar diálogos honestos, nos quais as crianças se sintam à vontade para compartilhar suas dúvidas e experiências, é primordial para o crescimento e o fortalecimento da relação entre pais e filhos.

Ao final do dia, uma educação baseada nos princípios bíblicos não apenas forma o caráter de filhos que são criados para honrar a Deus, mas também os capacita a serem luz nesse mundo desafiador. Sabemos que educar filhos não é uma tarefa fácil, mas, ao seguirmos essa caminhada, nunca devemos nos esquecer de que educar é, acima de tudo, um ato de amor. É um encontro constante entre a verdade e a vida, e cada passo dado nesse caminho é um investimento no futuro, tanto de nossos filhos quanto da sociedade como um todo. Que eu e você, como pais, possamos conduzir nossos filhos com sabedoria, amor, fé e muita paciência nessa caminhada abençoada por Deus. Construir relacionamentos saudáveis e de confiança com nossos filhos é uma das experiências mais bonitas e importantes que podemos viver. Mas, essa construção vai muito além do que simplesmente estar juntos; ela exige uma conexão emocional profunda, que reflita o amor e a graça de Deus em nossas vidas. A experiência de criar filhos se torna um espelho do relacionamento que nós mesmos temos com o Criador. E, assim como Nosso Pai nos ama de forma incondicional, é preciso que nossos filhos sintam esse mesmo amor refletido em nossos atos e em nosso dizer.

Estabelecer um ambiente em que a comunicação flui livremente é fundamental. É nesse espaço de diálogo aberto que podemos entender as necessidades, preocupações e opiniões dos nossos filhos. Tiago 1:19 nos exorta: "Todo homem, pois, seja pronto para ouvir, tardio para falar, tardio para se irar". Esse princípio é essencial para cultivar relacionamentos saudáveis. Criar um ambiente em que o silêncio é bem-vindo e em que as palavras são escolhidas com cuidado é um verdadeiro presente para os nossos filhos. Quando eles percebem que sua voz é valorizada, se sentem mais à vontade para se expressar, criando, assim, uma conexão cada vez mais forte.

Utilizar perguntas abertas durante as conversas cotidianas pode ser uma estratégia poderosa. Quando você, como pai ou mãe, pergunta: "Como foi seu dia?", por exemplo, e está verdadeiramente interessado na resposta, abre-se uma porta para um diálogo profundo. Assim, as crianças sentem-se convidadas a compartilhar suas experiências, medos e alegrias, e essa troca se transforma num exercício mutuamente enriquecedor. Ouvir com atenção é um ato de amor que fomenta a confiança e a segurança emocional que todos os filhos desejam.

É importante lembrar que as dificuldades fazem parte do cotidiano e que, em momentos de conflito, muitas vezes o que está em jogo é a habilidade de escutar. Muitas vezes, tentamos interromper para corrigir ou opinar. No entanto, dar lugar à vulnerabilidade nesse relacionamento promove um espaço de aprendizado. Quando falhamos, é necessário enfatizar que pedir desculpas não é um sinal de fraqueza, mas um passo de coragem. Crianças que veem seus pais admitindo erros e buscando reconciliação aprendem o valor de um coração humilde, um princípio que ressoa fortemente nas Escrituras.

Por outro lado, criar um cenário no qual a comunicação se torna complexa, por meio da falta de transparência e vulnerabilidade, pode resultar em rupturas emocionais. Portanto, olhares, gestos e palavras devem caminhar alinhados. Praticar a escuta ativa, que envolve não apenas ouvir, mas também compreender o que está por trás do que é dito, é uma habilidade que todos devemos aprimorar.

Respeitar as emoções dos nossos filhos – sejam elas alegres, tristes ou frustradas – e validá-las em seus momentos de vaidade ou angústia é garantir um acolhimento que os faz sentir-se seguros. É aqui que podemos aplicar a essência da empatia: ouvir não apenas para responder, mas para realmente entender sua perspectiva. Transformar o cotidiano em um verdadeiro aprendizado mútuo, no qual o amor se reveste de paciência e compreensão, é um dos maiores gestos de cuidado que podemos oferecer.

Ainda mais importante é encorajar a expressão dos sentimentos. Quando um filho diz "estou triste" ou "meu amigo não queria brincar comigo", isso não deve ser visto como um estorvo. Aqui, o exercício do diálogo entra novamente em cena: é uma chance de ensiná-lo a verbalizar suas emoções. Proporcionar essa segurança é ajudar na formação de adultos que serão capazes de lidar com seus sentimentos de forma construtiva.

Em um mundo divido por desafios, manter um diálogo honesto e aberto constrói pontes em vez de muros, colhendo os frutos da confiança e da segurança emocional. E assim, à medida que os nossos filhos se desenvolvem, também esperamos que se fortaleçam em sua fé em Deus, sabendo que a relação de confiança estabelecida é alicerçada no amor e na verdade que encontramos em Cristo. Além disso, tudo isso se entrelaça em uma rica tapeçaria chamada família, na qual cada fio representa momentos compartilhados de amor, aprendizado e crescimento mútuo.

Que continuemos a trilhar esse caminho da comunicação aberta e construtiva, sabendo que ele é um dos maiores legados que podemos deixar a nossos filhos. Incorporar, em cada diálogo, a essência da Palavra de Deus garantirá que nossas relações se firmem em bases sólidas, refletindo a beleza do amor divino em nossa própria história familiar.

CAPÍTULO 2

FUNDAMENTOS DA EDUCAÇÃO CRISTÃ

As virtudes, esses princípios universais que norteiam nossas ações e decisões, são o alicerce fundamental na formação do caráter de nossas crianças. Elas vão além de meras palavras; são fundamentais para a construção de indivíduos íntegros e confiantes. Como pais, nosso desafio é apresentar essas virtudes de forma prática e significativa em nosso cotidiano. Em 1 Pedro 2:9, somos chamados de "geração eleita", e isso nos lembra que temos a responsabilidade de educar as futuras gerações em um caminho que reflete essa escolha divina.

No cenário atual, repleto de incertezas e mudanças constantes, as virtudes se tornam nosso compasso moral, orientando tanto os filhos como os pais ao longo dessa jornada. Assim, cada virada e curva que encontrarmos serão oportunidades de mostrar como essas qualidades podem guiá-los até um futuro frutífero em amor, respeito e justiça.

Ao abordarmos o ensino das virtudes, é esplêndido ver como situações cotidianas podem se transformar em verdadeiras aulas de moral e ética. Imagine um domingo ensolarado em que a família decide preparar um almoço para um vizinho que está doente. No ato de cozinhar juntos, além de fortalecer os laços familiares, as crianças aprendem sobre generosidade, empatia e a importância de cuidar do próximo. Cada colherada, cada troca de sorriso é um passo para o cultivo de um coração bondoso. Essa experiência ilustra perfeitamente como as virtudes podem ser demonstradas de forma tangível e envolvente.

Uma maneira poderosa de plantar virtudes no coração dos nossos filhos é por meio das histórias que compartilhamos com eles. Contar, por exemplo, a história de Rute e Noemí desperta neles os valores como amizade e altruísmo, além do cuidado com o outro, mostrando bondade e amor. Quando nos sentamos no sofá, rodeados por nossos filhos, lendo um livro ou a Bíblia, estamos fazendo mais do que apenas passar o tempo juntos – estamos investindo na formação desses pequenos em termos morais. As emoções que essas histórias proporcionam e despertam não só entretém, mas também ensinam o valor de agir com segurança em um mundo que, muitas vezes, tenta nos afastar do caminho certo. Mas, não basta apenas contar histórias. Nós, como bons pais, precisamos ser exemplo vivo dessas virtudes. Nossos filhos estão atentos a tudo que fazemos e aprendem muito mais com o que fazemos do que com o que dizemos. Quando demonstramos amor em nossos relacionamentos, paciência nas dificuldades e honestidade em cada situação, eles naturalmente absorvem essas qualidades e passam a reproduzi-las. Ser um exemplo consistente das virtudes que desejamos cultivar faz toda a diferença. Se nossos pequenos observam ações que extrapolam simples ensinamentos, sentem-se encorajados a vivenciar o que aprenderam, refletindo esse comportamento em suas próprias vidas.

Claro que, ao longo do caminho, encontraremos desafios. Haverá dias em que a prática das virtudes parecerá impossível ou até mesmo desestimulante. Mas é aqui que devemos recordar a importância de ter espaço para o erro e a falha. Em um ambiente de amor e apoio, falhar não é um motivo de reprovação, mas sim um momento para crescimento e aprendizagem. Ao lidarmos com as falhas com empatia e ensinarmos sobre a importância do perdão, oferecemos uma verdadeira lição sobre a resiliência das virtudes. Isso prepara nossos filhos não apenas para serem generosos e bondosos, mas também para se tornarem adultos que sabem que a vida é cheia de altos e baixos e que é nosso papel sempre levantar e aprender com nossas quedas.

Ao iniciar essa jornada de ensinar virtudes, lembremos que nossos esforços não terminam na infância. A plantação de valores sólidos é um investimento que perdura por toda a vida. Com amor e dedicação, os frutos de caráter e filhos virtuosos se desenvolverão, refletindo a própria luz da fé e do amor em um mundo muitas vezes sombrio. O legado que deixamos se revela não apenas em palavras, mas em cada ação, envolvendo nossos filhos nesse processo contínuo de crescimento e aprendizado. Com isso, reafirmamos a missão de educá-los com firmeza e compaixão, almejando não apenas uma geração que viva em virtude, mas também em harmonia com os princípios que eternamente exaltam a bondade divina.

O cotidiano familiar não é apenas um espaço físico, mas sim um verdadeiro campo de aprendizado para a formação de virtudes essenciais nas crianças. Enquanto os pais procuram cultivar essas características, é vital que entendam que cada momento do dia pode se transformar em uma oportunidade rica de ensiná-las. A paciência, a generosidade e a empatia não são apenas palavras a serem ensinadas, mas atitudes a serem vividas.

Vejamos, por exemplo, uma situação prática: um simples passeio ao parque pode ser um palco para lições valiosas. Durante o trajeto, os pais podem explicar a importância de esperar a vez de brincar, ressaltando como essa atitude demonstra respeito pelos outros e pela ordem. As virtudes de respeito e empatia florescem não apenas nas conversas, mas também nas experiências vividas em conjunto. Quando as crianças veem seus pais praticando essas qualidades, entendem que elas não são apenas regras, mas valores que se traduzem em ações significativas no dia a dia.

Além disso, momentos de adversidade também se revelam como oportunidades ricas para ensinar. Imagine uma situação em que um familiar precisa de ajuda ou um amigo enfrenta um problema. Discutir abertamente sobre a importância de ajudar e de estar presente para o próximo reforça o conceito de solidariedade na mente das crianças. Criar um ambiente em que os filhos sejam incentivados a oferecer apoio e a desenvolver compaixão exemplifica como as virtudes devem permear as interações humanas.

No entanto, não podemos nos esquecer de que ensinar virtudes é um processo contínuo. Às vezes, as crianças falharão na prática dessas qualidades, e é nesse momento que entra a oportunidade de cimentar o aprendizado. Quando um filho age de maneira impulsiva, em vez de puni-lo rigidamente, os pais podem abordar a situação questionando a razão por trás de suas ações. Isso promove reflexão e entendimento, abrindo espaço para um ensinamento mais profundo sobre as consequências de suas atitudes.

Uma narrativa poderosa que ilustra como modelar virtudes é a parábola do filho pródigo, na qual o pai demonstra amor incondicional e perdão. Essa história é um convite à reflexão: como nós, pais, também podemos ser fontes de perdão e compreensão em tempos de falha? Recontar essas histórias bíblicas durante momentos calmos pode inspirar diálogos ricos em aprendizado e em aplicação prática dos valores que desejamos incutir em nossos filhos.

Nesse processo de formação, é essencial também lembrar que a prática precede a teoria. As histórias que contamos, as conversas que temos e as vidas que vivemos se tornam o tecido que configura o caráter das crianças. É na repetição de atos amorosos e generosos que as virtudes ganham vida. Quando criamos um lar em que o amor é palpável, em que as virtudes são celebradas e as falhas são oportunidades para crescimento, estamos, na verdade, formando cidadãos que somarão ao mundo de maneira carinhosa e genuína.

Assim, ao olharmos para essa jornada de cultivar virtudes nas nossas crianças, que possamos estar atentos a cada pequena oportunidade, a cada momento do cotidiano, transformando essas lições em um legado que perdurará por gerações. Afinal, o que realmente deixaremos para eles será mais do que hábitos: será um caráter fundamentado no amor, no respeito e na bondade, que irradiará bem além das paredes de casa.

As crianças possuem um senso de amor e respeito que, se cultivado adequadamente, se tornará uma fortaleza em seus corações. A virtude do amor-próprio é um dos pilares fundamentais para a vida saudável e equilibrada. É vital ensinarmos as crianças a se valorizarem e a reconhecerem sua própria grandeza como criações de Deus, que nunca falha em ver valor em cada um de nós. Amar a si mesmo não é um ato egoísta; pelo contrário, é o reconhecimento do que somos em Cristo. Em Salmos 139:14 está escrito: "Eu te louvo porque me fizeste de modo exemplar. Tuas obras são maravilhosas; disso tenho plena certeza". Com essa certeza, podemos formular um conceito saudável de autoestima nas crianças.

Incentivar as crianças a se apreciarem é uma tarefa que compensa a longo prazo. Elas devem entender que respeitar a si mesmas significa respeitar também ao próximo. Na prática, é essencial criar um ambiente de amor e acolhimento em casa, no qual as crianças se sintam seguras para expressar seus sentimentos e emoções. Um simples elogio ou um reconhecimento por um comportamento positivo irá reforçar a ideia de que elas são dignas de amor e respeito, e que esse amor deve começar dentro de si mesmas.

Histórias também podem ser grandes aliadas nesse processo. Ao contar narrativas que incluam personagens que se amam e se respeitam, os pais podem introduzir conversas sobre os valores do carinho próprio e do respeito mútuo. O personagem de uma história que supera desafios com amor e dignidade traz uma lição poderosa aos pequenos. O amor ao próximo muitas vezes começa com a capacidade que temos de amar a nós mesmos, e o ambiente familiar deve ser um reflexo dessa virtude.

É crucial que os filhos vejam exemplos vivos dentro de casa. Pais que demonstram amor-próprio em suas ações diárias ensinam a seus filhos a importância de cuidar de si mesmos. Se, no dia a dia, as crianças observam seus pais respeitarem seus limites, cuidarem de sua saúde e manterem relacionamentos saudáveis, compreenderão, de forma intuitiva, a importância de aplicar esses conceitos em suas vidas também. A prática do amor-próprio e do respeito ao próximo devem ser visíveis em cada interação familiar.

Assim, podemos promover um espaço em que a generosidade e o respeito floresçam. Atividades como jogos em família, que celebram conquistas, integridade e bondade reforçam essa noção. Ensinar as crianças sobre a importância de ouvir e respeitar as opiniões dos outros pode ser um exercício essencial que amplia esses sentimentos construindo relações gratificantes que durarão por toda a vida.

Essa semente de amor-próprio e respeito não germina apenas em nossos lares, mas se expande para o mundo. À medida que nossos filhos crescem com a compreensão de que são dignos de amor e respeito, tornam-se promotores dessa mesma mensagem em seus círculos de amizade e comunidade, tornando-se exemplos vivenciados de virtudes e valores. Que assim possamos ensinar a eles, dia após dia, a arte maravilhosa de amar a si mesmo e ao próximo, moldando um futuro repleto de compaixão e bondade, como Deus deseja para nós.

A superação de desafios na aplicação das virtudes em nossas vidas é um aspecto fundamental na educação dos filhos. Reconhecer que ensinar virtudes não é um caminho isento de dificuldades é o primeiro passo para compreendermos a complexidade dessa missão. Apesar de todo o nosso empenho, as falhas e os tropeços farão parte da jornada. Assim como está escrito em Romanos 3:23, "Pois todos pecaram e carecem da glória de Deus", essa verdade nos ensina que somos todos imperfeitos, e isso se aplica igualmente aos nossos filhos.

Enfrentar situações em que as virtudes não são aplicadas exige uma abordagem cuidadosa e amorosa. Quando uma criança não respeita um colega ou age de forma egoísta, é crucial que os pais não apenas apontem o erro, mas utilizem essas oportunidades para conversas significativas. Em vez de simplesmente corrigir, devemos questionar: "O que você poderia ter feito de diferente neste momento?" ou "Como você se sentiria se estivesse no lugar da outra criança?". Essas perguntas estimulam a reflexão e promovem um entendimento profundo sobre as consequências das ações.

Criar um ambiente seguro, em que os filhos se sintam à vontade para discutir suas falhas, é essencial. Muitas vezes, as crianças têm medo de confessar os erros que cometeram, temendo reações negativas dos pais. Porém, ao transmitirmos a mensagem de que todos nós erramos e que o mais importante é aprender com isso, preparamos nossos filhos para uma vida mais saudável, na qual reconhecer erros é um sinal de força, e não de fraqueza.

Histórias da Bíblia podem ser ferramentas valiosas nesse processo. Por exemplo, a história de Pedro, que negou Jesus três vezes, traz uma poderosa lição sobre falhas e perdão. Ao contar essa narrativa, podemos mostrar às crianças que, mesmo aqueles que cometeram erros, podem ser restaurados. Isso lhes ensina que a vida é uma série de altos e baixos, e que é, no meio das dificuldades, que as virtudes se manifestam de maneira mais potente.

Quando nossos filhos não conseguem ser pacientes ou têm dificuldade em agir com segurança, precisamos mostrar a eles que essas virtudes funcionam como músculos: quanto mais as praticamos, mais fortes ficam. Uma boa forma de ajudar nesse processo é criar um momento de gratidão no final do dia, no qual cada um da família compartilha algo que fez ou viveu. Isso não só nos ajuda a considerar as conquistas do dia, mas também reforça a importância do crescimento.

Além disso, acolher a chance do diálogo aberto, de responsabilidades compartilhadas e da colaboração em família desempenha um papel crucial. Quando os filhos se sentem parte do processo, suas resistências diminuem, e a educação sobre virtudes se transforma em uma experiência colaborativa, prazerosa e enriquecedora. O que buscamos é um lar construído sobre as bases de amor, da confiança e da espiritualidade, no qual todos são encorajados a ser melhores.

Portanto, ao educarmos nossos filhos nas virtudes, que possamos ter paciência, amor e compreensão. Cada erro é uma oportunidade, e cada desafio, uma chance de fortalecer a fé, a determinação e, acima de tudo, a conexão familiar. Que se estabeleça um vínculo profundo entre o amor humano e o ensinamento de valores eternos, pois é assim que edificamos um legado precioso.

Seguindo essa trajetória, que cada um de nós, como pais, recorde a importância de cultivar um ambiente que não apenas permita a expressão das virtudes, mas também ofereça um espaço seguro para a construção do caráter, no qual o amor e a fé sejam os guias em cada passo da jornada. Rumo a isso, observemos como a prática leva à excelência e que, com paciência e dedicação, os frutos da virtude darão origem a adultos íntegros e bem preparados para enfrentar os desafios da vida.

CAPÍTULO 3

A IMPORTÂNCIA DA DISCIPLINA AMOROSA

O valor da comunicação aberta

Na construção de relações familiares saudáveis, a comunicação revela-se como um dos pilares mais cruciais. Criar um ambiente em que os filhos se sintam à vontade para expressar seus sentimentos e pensamentos é um desafio que exige dedicação e sensibilidade. Não se trata apenas de conversar, mas de cultivar diálogos que cheguem ao coração, que conectem as emoções e fortaleçam a confiança.

Os pais têm a oportunidade de desenvolver uma atmosfera de escuta ativa. Imagine um jantar em família, em que cada um possui espaço para compartilhar suas experiências do dia. Em vez de ser apenas uma rotina, essa prática se torna um momento precioso de aprendizado. Gosto de usar perguntas abertas com meus filhos, como: "o que te fez feliz hoje?" ou "teve algo que te deixou preocupado?". Isso ajuda eles a falarem sobre suas emoções de forma leve e natural. Além de validar o que estão sentindo, essa prática ensina habilidades importantes de comunicação.

A validação emocional é algo muito poderoso. Às vezes, tudo que uma criança precisa ao voltar da escola é ouvir um simples:

"Eu entendo que você esteja se sentindo assim". Quando fazemos isso, criamos um espaço seguro, fundamental para o desenvolvimento emocional deles. Em vez de correr para dar soluções rápidas, escutar com atenção fortalece o vínculo e faz com que se sintam à vontade para se abrir em outras situações no futuro.

Além disso, é importante que os filhos vejam seus pais falarem abertamente sobre suas próprias emoções e desafios. Isso gera um modelo a ser seguido. Quando um pai ou uma mãe exibe vulnerabilidade ao compartilhar como se sentiu frustrado ou feliz em um determinado momento, os filhos aprendem que é adequado falar sobre seus próprios sentimentos. Eles percebem que não estão sozinhos e que discutir questões emocionais é uma parte natural e saudável da vida.

Contudo, não se deve subestimar a força da comunicação não verbal. Pequenos gestos, como um abraço ou um olhar compreensivo, podem ser poderosos comunicadores de amor e apoio. Assim, ser genuíno na forma como expressamos nossas emoções é crucial. Uma criança que sente que suas preocupações são levadas a sério se tornará um adulto mais confiante, capaz de se expressar em qualquer ambiente.

A comunicação não deve ser vista como uma ferramenta mecânica; ela é um caminho de mão dupla. É importante incentivar os filhos a desenvolver suas próprias vozes. Pai e mãe precisam reconhecer que a escuta ativa e a validação não são apenas sobre entender, mas também sobre incentivar. Ao promover a liberdade de expressão, os filhos entenderão que suas vozes pertencem ao diálogo familiar e à sociedade. Isso não apenas solidificará as relações familiares, mas também os preparará para interações saudáveis fora de casa.

Por fim, é necessário destacar que, como em toda relação, desafios surgirão. Haverá dias em que a comunicação se tornará difícil, mas não devemos esquecer que a persistência é a chave para o sucesso nessa jornada. Compreender que cada conversa, seja leve ou desafiadora, é uma oportunidade de crescer em amor e respeito é o que tornará as relações familiares ainda mais fortes. Em um ambiente em que a comunicação é bem-vinda, as relações frutificam e a confiança se estabelece, criando um legado de amor que será passado entre gerações.

Estabelecer limites com amor e clareza é uma das tarefas mais importantes que os pais têm a responsabilidade de assumir. Quando pensamos em um ambiente familiar, em que regras e expectativas são bem definidas, fica mais fácil para os filhos entender o que é esperado deles e, consequentemente, desenvolver comportamentos saudáveis e respeitáveis.

Em primeiro lugar, é essencial que esses limites sejam claros e bem comunicados. Imagine que, ao iniciar uma nova regra em casa, como a de que certos horários são reservados para o estudo, os pais se sentam à mesa com as crianças para explicar os motivos. Isso não apenas ajuda a solidificar a compreensão dos filhos sobre a importância de respeitar essa decisão, mas também os envolve no processo. Uma conversa simples, mas significativa, pode fazer toda a diferença. Em vez de apenas dizer "é assim porque eu mandei", os pais podem dialogar sobre o valor do tempo e da educação, ensinando que as regras são uma forma de amor e proteção.

Além disso, quando se estabelece uma regra, é vital que ela compreenda limites sobre o que é aceitável e o que não é. Um bom exemplo disso é a prática da empatia em momentos desafiadores. Se uma criança não quer compartilhar um brinquedo, os pais podem convidá-la a pensar sobre como o outro se sente em relação a isso. Perguntas como "Como você se sentiria se não pudesse brincar com seu brinquedo favorito?" podem ajudar a criança a desenvolver não só um entendimento sobre a regra em questão, mas também habilidades de empatia que a acompanharão ao longo da vida.

Outro aspecto relevante é a inclusão das crianças na criação dessas regras. Ao pedir a opinião dos filhos sobre as expectativas em casa, seja sobre tarefas, horários ou limites de uso de tecnologia, os pais proporcionam um senso de responsabilidade. Quando as crianças participam desse diálogo, é mais provável que se sintam respeitadas e, assim, dispostas a seguir os limites estabelecidos. Isso não apenas otimiza a relação familiar, mas também incentiva autoconfiança e a capacidade de se posicionar de maneira clara e justa em relação aos outros.

Porém, mesmo com regras em vigor, é essencial lembrar que os filhos são seres humanos com características únicas. Haverá momentos em que as expectativas não serão cumpridas, e é exatamente nesses momentos que o amor deve prevalecer. Em vez de reagir com punições severas, os pais devem buscar compreender a situação. Uma simples pergunta, como "O que aconteceu que fez você desobedecer à regra?", pode abrir portas para conversas valiosas e, ao mesmo tempo, proporcionar um campo fértil para o aprendizado.

O perdão e a compreensão também têm um papel vital nesse contexto. Pais que têm a habilidade de perdoar erros passam essa virtude adiante, modelando para seus filhos o que significa ser parte de uma comunidade que se preocupa e busca sempre melhorar por meio da reflexão. Cultivar um ambiente de amor e respeito, em que falhas são vistas como oportunidades de aprendizado, faz com que a dinâmica familiar se fortaleça e que cada membro aprenda a ser melhor a cada dia.

Além disso, um aspecto que muitas vezes complica a aplicação de limites é o envolvimento da tecnologia. Com o uso crescente de dispositivos digitais, é fundamental que os pais definam regras claras sobre esses espaços também. Conversar sobre questões como tempo de tela e as atividades on-line não apenas estabelece um respeito mútuo, mas também conta com a cooperação dos filhos no entendimento do que está em jogo. Incentivar momentos de desconexão em família, como refeições sem o uso de celulares, é um excelente passo para fortalecer as relações.

Dessa forma, a construção de limites não deve se desdobrar em imposições autoritárias, mas, sim, em uma interação de amor, diálogo e compreensão. Quando crescem em um ambiente sólido e carinhosamente estruturado, as crianças entendem que o propósito das regras é direcioná-las em um mundo onde a moralidade é muitas vezes testada.

Os limites que estabelecemos têm a finalidade de proteger, guiar e nutrir. Ao lado disso, são as ações e o amor que darão forma às nossas intenções. É esse legado que, por fim, refletirá em nossos filhos. Mesmo que sejam desafiados por suas próprias decisões ao longo da vida, a base que criamos nesse momento os capacitará a lidar com o mundo de forma responsável e segura. Que sejamos pais amorosos e firmes, guiando nossas crianças por esse caminho tão significativo e enriquecedor.

O poder do perdão e da reconciliação

O perdão, um dos maiores legados do amor, ocupa um lugar central nas relações familiares. Não é apenas uma opção, mas uma necessidade fundamental para o bem-estar emocional e espiritual de todos os membros da família. O ato de perdoar deve ser incentivado desde a infância para que se transforme em um valor arraigado, que os guiará em suas interações ao longo da vida.

Imagine uma cena familiar após um desentendimento. As palavras cortantes e as lágrimas derramadas podem criar um abismo entre os membros da família. Por isso, nesse momento de dor, o perdão surge como uma ferramenta essencial. Os pais que se aproximam dos seus filhos para conversar sobre os erros cometidos não estão tratando apenas de corrigir comportamentos, mas de oferecer uma oportunidade de cura emocional. Ao mostrar à criança que errar faz parte da experiência humana e que perdoar é um gesto de amor e coragem, ela aprende que suas falhas não a definem.

As Escrituras nos ensinam sobre o valor do perdão, como podemos ver em Mateus 6:14-15, que nos afirma que, ao perdoarmos os outros, também somos perdoados. Essa atitude nos faz lembrar de que o perdão age em duas direções: ele alivia o peso do coração de quem perdoa e promove a cura daquele que busca o perdão. Por isso, é fundamental que, na educação dos nossos filhos, possamos usar exemplos concretos que demonstrem o quanto o perdão pode construir laços e fortalecer os relacionamentos.

Um momento poderoso pode surgir durante a observação de um filme em família, em que um personagem enfrenta uma situação de traição. Discutir essa cena após uma exibição cria uma oportunidade única para questionar: "Como você se sentiria se estivesse no lugar daquele personagem? O que você faria?". Frases como essas estimulam uma conversa rica, ajudando as crianças a compreender os desdobramentos emocionais do ato de perdoar.

Além da conversação, a prática do perdão pode também ser ensinada por meio da ação. Quando surgem desentendimentos entre irmãos e amigos, é fundamental lidar com a situação com empatia. Devemos incentivar as crianças a enxergarem a perspectiva do outro e a compreender as emoções envolvidas. Isso ajuda a reforçar o valor e a importância de restaurar os laços afetivos. Quando os pais modelam esse comportamento, demonstrando atitudes de perdão em suas próprias vidas, eles ensinam pelo exemplo. As crianças precisam ver que o perdão é uma ferramenta poderosa que promove a paz e a harmonia dentro do lar.

O perdão não deve ser visto como um ato isolado; a reconciliação é o que traz verdadeiramente a harmonia de volta. Após a prática do perdão, concerne aos pais orientar as crianças sobre a importância de restabelecer relacionamentos. Após um conflito, as interações podem, por vezes, continuar frias ou distantes, mas um gesto simples, como um abraço ou um pedido de desculpas sincero, pode reviver esse laço. Assim, a reconciliação torna-se uma celebração do amor que supera as frustrações.

As lições do perdão se estendem para além da relação direta entre pais e filhos. Quando ensinamos nossos filhos a praticar o perdão entre amigos e familiares, ajudamos a construir uma geração mais empática e compreensiva. Compartilhar histórias bíblicas que ilustram o perdão, como a do filho pródigo, proporciona valiosas lições sobre o amor incondicional e a alegria que vem quando se busca reconciliação.

No final das contas, devemos reger nossas casas com um clima de amor e generosidade, em que o perdão é um elemento constante. Criar um lar que pratique o perdão regularmente não só fomenta um ambiente acolhedor, mas também contribui para a formação de seres humanos bondosos. Os desafios e desentendimentos que surgem em família são oportunidades para o fortalecimento dos laços resultados de diálogos saudáveis e da prática contínua do amor que Cristo nos ensina. Que cultivar essa prática em nossas famílias traga a elas paz duradoura e alegria, demonstrando que o poder do perdão é, sem dúvida, um dos legados mais *hermosos* que podemos cultivar e deixar para as futuras gerações.

Cultivar a empatia e o respeito dentro da família é como plantar sementes preciosas que, com amor e dedicação, podem florescer em valores duradouros. Para fomentar essas virtudes no coração das crianças, os pais precisam ser intencionais nas experiências diárias. Vale lembrar que empatia não é apenas sentir a dor do outro, mas também agir de maneira que mostre que estamos ao lado dele, prontos para apoiá-lo. Compreender o que outra pessoa está sentindo e levar isso em consideração é um aprendizado que deve ser cultivado.

Uma maneira prática de educar em empatia é, muitas vezes, simples. Usar histórias ou exemplos do cotidiano que demonstrem a importância de se colocar no lugar do outro é algo enriquecedor. Relatos bíblicos, como o do filho pródigo, mostram como gestos de compaixão e perdão podem transformar vidas. Compartilhar essas histórias em um momento de calma em casa pode abrir espaço para uma reflexão profunda: "O que podemos tirar dessa lição? Como você se sentiria se fosse o filho que voltou para casa ou o pai que o recebeu de braços abertos? Assim, as crianças começam a articular melhor suas emoções e a entender que o respeito pelo outro é um reflexo do amor que devemos cultivar em nossas vidas.

Além das conversas, atividades em família que promovam a empatia são essenciais. Que tal estabelecer um dia especial em que todos possam escolher uma ação generosa para performar juntos? Atitudes simples, como doar roupas e alimentos para quem precisa, ajudar um colega com dificuldade na escola ou participar de campanhas de arrecadação na comunidade, são formas práticas de ensinar empatia. Essas experiências não só aproximam a família, mas também mostram às crianças que a empatia vai além de sentir pelo outro, ela se manifesta em ações concretas que fazem a diferença nas vidas das pessoas.

O respeito, por outro lado, é muitas vezes cultivado por meio da prática diária. Ensinar as crianças a respeitar não apenas os mais velhos, mas também seus colegas e até mesmo o meio ambiente cria uma base sólida de respeito mútuo. Isso pode ser feito colocando limites que demonstrem que cada pessoa é digna, independentemente de suas diferenças. Por exemplo, encorajar diálogos respeitosos durante conversas em família bem como os modelos de mães e pais ouvindo um ao outro com atenção e evitando interrupções, mostra que cada voz é importante e merece ser ouvida.

Em um mundo em que as diferenças parecem cada vez mais acentuadas, ensinar os filhos a respeitar essas divergências é fundamental. Promover a diversidade em casa, trazendo livros que contemplem diferentes culturas e histórias que destacam a riqueza da diversidade, ajuda as crianças a ver além do próprio círculo. O respeito, assim, passa a ser um valor fluido e natural.

Por último, praticar a gratidão é um recurso poderoso que se entrelaça à empatia e ao respeito. Encorajar os filhos a expressar gratidão, seja por pequenas ou grandes coisas, faz com que eles desenvolvam um olhar apreciativo pelo que possuem e pelos outros que os cercam. Durante as refeições, por exemplo, pode-se criar um momento em que cada um fala algo que agradece ou que valoriza, gerando um clima positivo e acolhedor, no qual cada membro se sente importante.

Cuidar da empatia e do respeito, então, deve ser uma prioridade em todas as interações familiares. Que nossos lares se tornem verdadeiros laboratórios de espiritualidade e amor, em que as crianças aprendam, pratiquem e vivenciem essas virtudes, construindo uma fundação sólida que os preparará para um mundo mais gentil e justo. É aqui que amor e o respeito não são apenas ensinados, mas incorporados, se irradiando em suas relações e contribuindo para um futuro mais harmonioso.

CAPÍTULO 4

CULTIVANDO O AMOR E O RESPEITO

Plantando sementes de amor e carinho

Neste momento, é fundamental refletir sobre o impacto que a formação dos valores essenciais proporciona na infância. Os valores constituem a essência do crescimento saudável das crianças, moldando suas interações, crenças e a maneira como se veem no mundo. Neste capítulo, iniciaremos uma jornada de descoberta sobre por que cada pai e mãe são pilares fundamentais nessa construção.

Os olhares curiosos dos pequenos, cheios de perguntas, trazem um vislumbre do que será o futuro. Imagine um pai que se senta ao lado do filho, mostrando um simples ato de bondade ao ajudar um desconhecido. "Veja, filho" – diz ele, com a voz suave – "essas são as pequenas coisas que fazemos que têm um grande significado". Esses momentos são cruciais, criam laços de amor e respeito que se fortalecem com o tempo.

Ao olharmos para os exemplos que damos em nosso dia a dia, torna-se evidente que os filhos oferecem um reflexo dos valores que absorvem ao longo de suas vidas. Nós, como pais, devemos ser conscientes de que nossa maneira de agir, as palavras que escolhemos e nossas decisões cotidianas ensinam mais do que discursos longos sobre ética. Cada interação é uma pequena semente que, quando regada com amor e compreensão, brota em formar a essência do caráter a ser edificado.

O diálogo é um elemento essencial nesse processo. Ao conversarmos, não apenas falamos sobre deveres e expectativas, mas embarcamos em uma jornada em conjunto com nossos filhos. Conduzir os diálogos, utilizando histórias e referências quando apropriado, pode tornar a aprendizagem mais rica e cativante. Por exemplo, ao ensiná-los sobre honestidade, em vez de simplesmente dizer que mentir é errado, que tal compartilhar uma experiência própria em que a verdade foi desafiadora, mas recompensadora? Assim, as crianças não apenas ouvem, mas vivenciam a moral nas narrativas que se desenrolam.

E, quando falamos em valores, nunca podemos perder de vista o poder do perdão. Falar sobre erros e como se levantar após um deslize é um aprendizado vital. Certa vez, ao contar sobre um erro que cometi na vida profissional, disse ao meu filho: "O importante não é a queda, mas como nos levantamos dela". Ele olhou em meus olhos com um entendimento que, embora inicial, já germinava um conceito profundo de perseverança e resiliência.

Incorporar atividades que estimulem o aprendizado dos valores essenciais ao longo do dia é crucial. Jogos familiares, nos quais as crianças possam imaginar e refletir sobre situações desafiadoras, estimulam a empatia e ressaltam a importância de agir com retidão. Essas experiências emblemáticas ensinam que cada valor não é apenas uma palavra, mas uma ação a ser vivida.

Por último, necessitamos entender que essa não é uma tarefa fácil. As influências externas frequentemente desempenham um papel nos moldes que nos foram apresentados. É aqui que entramos como defensores do que acreditamos. Como cuidadores de nossos filhos, cabe a nós proteger e nutrir a verdade de nossos valores, mesmo quando a sociedade parece ir em outra direção. Em Romanos 12:2, somos interpelados a não nos conformarmos com este mundo, mas a sermos transformados pela renovação de nossas mentes. Essa transformação é um presente a ser passado adiante.

Assim, ao encerrarmos este primeiro bloco, lembremos que o cultivo de valores essenciais é uma jornada permanente. Cada momento, cada interação, cada diálogo é uma nova oportunidade de plantar as sementes que florescerão em admiráveis árvores de amor, respeito e caráter em nossos filhos. Nesse solo fértil, os valores formados proporcionarão não apenas um lar cheio de amor, mas também trarão luz à sociedade na qual irão se inserir.

O cultivo de valores essenciais é um elemento que vai muito além da educação formal; está enraizado nas histórias bíblicas que, ao longo dos anos, têm moldado o caráter e o comportamento dos fiéis. No coração da educação de um filho, os valores cristãos oferecem não apenas diretrizes, mas um mapa para a vida que brilha com amor, honestidade, compaixão e respeito.

O amor é, sem dúvida, o valor que encontramos repetidamente nas Escrituras. "Amarás ao teu próximo como a ti mesmo" (Mateus 22:39) não é apenas um mandamento, mas uma diretriz prática que pode ser aplicada nas interações do dia a dia. Ao ensinar esse valor, os pais podem usar exemplos de sua vida cotidiana, demonstrando-o não apenas verbalmente, mas também por meio de ações. A prática do amor em casa se traduz em gestos simples, como um abraço acolhedor após um dia difícil ou palavras de apoio em momentos de dúvida. Isso constrói uma atmosfera em que as crianças não apenas ouvem sobre amor, mas o sentem em suas vidas.

A honestidade, outro pilar fundamental, é muitas vezes testada dentro de casa. Quando uma criança erra, é papel dos pais reagir com paciência e amor. Em vez de aplicar uma punição severa, é fundamental orientá-la e ajudá-la a entender a importância de assumir a responsabilidade pelos próprios atos. Usar referências bíblicas em momentos de aprendizado pode ser altamente eficaz. A história de Zaqueu (Lucas 19:1-10) ilustra como a transformação pessoal é possível, e que confessar erros é um passo corajoso para a redenção. Contar essa história e falar sobre as implicações da honestidade ajuda as crianças a entender que errar é humano, mas cresce melhor quando aprendem com esses erros.

A compaixão é um valor que pode ser cultivado por meio de pequenas ações diárias. Contribuir com doações, apoiar um vizinho ou demonstrar gentileza a um estranho são maneiras práticas de exercitar a compaixão no dia a dia. A parábola do bom samaritano (Lucas 10: 25-37) ilustra perfeitamente como pequenos gestos podem ter um grande impacto. Incentivar as crianças a participar de ações solidárias e a se preocupar com o bem-estar dos outros fortalece sua compreensão sobre o verdadeiro significado da amizade e do auxílio a quem precisa.

O respeito, de forma semelhante, aparece em muitos episódios da Bíblia em que a dignidade de cada pessoa é reconhecida. Ensinar às crianças que cada indivíduo merece respeito, independentemente de suas diferenças, possibilita um ambiente mais acolhedor e harmonioso. Um exemplo vivido pode ocorrer durante uma discussão em família, na qual cada um tem a oportunidade de expressar seu ponto de vista, respeitando a opinião dos outros.

Implementar esses valores requer não apenas comunicação, mas também prática. Os pais devem alinhar suas ações com as lições que desejam transmitir. Isso pode ser feito de várias maneiras: fazer pequenas reuniões após as refeições para discutir o que aprenderam pode incentivar as crianças a se abrirem e partilharem suas experiências sobre como ajudaram ou se sentiram ajudadas em situações cotidianas.

Assim, neste segundo bloco, podemos nos recordar de que os valores bíblicos são as fundações necessárias não apenas para o crescimento espiritual das crianças, mas também para sua formação como cidadãos conscientes e compassivos. Ao mostrar aos filhos com exemplos concretos, diálogos abertos e interações repletas de amor, estaremos semeando um futuro em que valores como amor, respeito, honestidade e compaixão florescerão em suas vidas, beneficiando todos ao seu redor.

Praticar valores essenciais diariamente – esse é o coração da educação em família. Como pais, o desafio vai muito além de simplesmente ensinar; precisamos viver e exemplificar esses valores em cada ação que tomamos. Assim, partindo da ideia de que ação e ensinamento devem estar alinhados, este bloco se dedica a compartilhar práticas diárias que ajudam a inculcar valores cristãos como amor, respeito, honestidade e compaixão na vida familiar.

A hora das refeições é uma ferramenta poderosa. Criar um espaço sagrado durante o jantar ou almoço não é apenas uma questão de partilhar alimentos, mas sim uma oportunidade de partilhar histórias e sentimentos. Encoraje a todos a falar sobre seus dias, o que aprenderam e como exercitaram esses valores. Em um ambiente acolhedor, em que todos se sintam seguros, histórias sobre pequenos atos de bondade ou momentos de desafio moral podem desencadear diálogos profundos e construtivos.

Outra prática importante envolve a leitura de histórias bíblicas. Escolher um momento da semana para ler juntos pode se transformar em um momento esperado por todos. Após a leitura de uma passagem, os pais podem perguntar: "O que vocês aprenderam com essa história?" ou "Como podemos aplicar isso em nossas vidas?" Essa prática não apenas reforça o aprendizado, mas também revela a relevância dos valores na realidade cotidiana das crianças.

Praticar a gratidão é uma excelente maneira de cultivar respeito e amor. Um momento de reflexão antes da refeição, em que cada um expressa pelo que é grato naquele dia, molda um coração agradecido e faz com que cada membro da família perceba a importância do outro. Enfrentar os desafios diários com essa abordagem contribui para a construção de um ambiente acolhedor, no qual cada membro da família se sente respeitado e importante. Dinâmicas em grupo, como brincadeiras que incentivam a cooperação e o trabalho em equipe, são excelentes ferramentas para transmitir valores essenciais. Jogos colaborativos, nos quais o sucesso só é alcançado por meio do esforço conjunto, proporcionam aos filhos a oportunidade de vivenciar, na prática, o significado do trabalho em equipe, fortalecendo a empatia e o senso de pertencimento à comunidade.

Com o universo digital se expandindo e colocando as crianças em contato com diferentes influências, os desafios se tornam maiores. Assim, é fundamental estabelecer não só regras de uso da tecnologia, mas também momentos sem dispositivos em família. Esses momentos são oportunidades de conversação intensa, em que se pode falar sobre questões morais, de respeito e de empatia. Discussões abertas sobre como a tecnologia e as redes sociais podem afetar os relacionamentos ajudam a equipar as crianças com ferramentas para se posicionarem eticamente.

A realização de ações solidárias tem o impacto direto no desenvolvimento das virtudes do amor e da compaixão. Promover iniciativas como campanhas de doação de alimentos e roupas, ou realizar visitas a abrigos, proporcionar aos filhos a oportunidade de enxergar a realidade de outras pessoas e compreender a importância do altruísmo e da generosidade.

Incorporar essas práticas no dia a dia não só reforça os valores cristãos, mas também transforma esses princípios em experiência de amar e respeito. Dessa forma, os filhos não só aprendem sobre esses valores, mas passam a vivê-los de forma autêntica, aplicando-os em suas relações e influenciando positivamente o ambiente ao redor. Que cada momento se transforme em uma oportunidade de crescimento, criando raízes que darão frutos abundantes em amor e caráter no futuro. Juramos que, em nosso lar, o cultivo dos valores essenciais será uma construção coletiva, na qual cada um se torne um facilitador e não um mero espectador da própria educação.

Enfrentando os desafios na educação de valores

A jornada de educar e cultivar valores essenciais não é apenas uma responsabilidade; é um dos maiores desafios que enfrentamos como pais. Os tempos modernos apresentam diversas influências externas que podem ameaçar os princípios que tentamos incutir em nossos filhos. Portanto, reconhecer esses desafios e desenvolver estratégias para superá-los é fundamental para garantir que a educação em valores permaneça forte e relevante.

Um grande desafio que muitos pais enfrentam é a influência das redes sociais e do ambiente digital. As crianças e adolescentes são frequentemente bombardeados com mensagens que contradizem os valores que tentamos ensinar. Elas podem ver comportamentos desrespeitosos, falta de empatia e uma constante busca por aprovação e validação externa. É aqui que a comunicação aberta se torna ainda mais importante. Em momentos de conversa, pais e filhos devem abordar essas influências e discutir como diferenciar valores pessoais e sociais.

"Por que a opinião dos outros importa tanto para você?" Essa é uma pergunta que pode desencadear uma discussão profunda.

Ao refletir sobre a resposta, pode-se encontrar um espaço seguro em que valores essenciais possam ser reafirmados. Incentivar as crianças a descrever como se sentem em relação a certas situações vistas na internet ajuda a fortalecer sua capacidade crítica e de empatia.

Ademais, o burburinho da vida atual também traz um ritmo acelerado. Com as atividades escolares, extracurriculares e compromissos sociais, o tempo que os pais têm com seus filhos muitas vezes é reduzido. É nesse terreno que atividades intencionais se tornam críticas. Seja um jantar em família ou uma caminhada juntos, o importante é criar oportunidades de diálogo em que os valores possam ser discutidos e fortalecidos. Um momento a sós, longe do agito, pode proporcionar um espaço propício para a troca de ideias e sentimentos sobre o que é verdadeiramente importante.

Outra situação desafiadora ocorre quando os filhos se deparam com contradições nas ações de adultos, seja dentro de casa, seja na sociedade. As crianças são observadoras astutas e, muitas vezes, discernem quando falamos uma coisa e fazemos outra. É crucial que os pais se esforcem para alinhar suas ações com os valores que querem transmitir. Se houver uma falha, é vital reconhecer e discutir isso em aberto. Um simples "Eu errei" acompanhado de uma explicação, mostra que todos estamos em um processo de aprendizado contínuo.

No entanto, a resistência a esses novos valores pode surgir. As interações com amigos muitas vezes podem direcionar as expectativas das crianças em relação ao que é "normal". Nesses momentos, os pais têm a oportunidade de reforçar a autenticidade. Conversar sobre as características que tornam cada um especial e respeitar as individualidades permite que a criança desenvolva uma autoestima saudável. Isso é especialmente relevante quando a influência do grupo tende a descartar a individualidade.

Por último, a importância de um modelo consistente não pode ser subestimada. Pais que praticam os valores que pregam se tornam exemplos vivos para seus filhos. Aqui, a honestidade na própria trajetória é valiosa. Compartilhar histórias e experiências que exemplificam a aplicação de um valor pode consolidar o aprendizado e a prática do que está sendo ensinado.

Ainda que os desafios pareçam numerosos, a determinação e a persistência em cultivar os valores essenciais sempre trarão recompensas. Os filhos que crescem em um ambiente em que as lições de amor, respeito e empatia são praticadas se tornarão adultos que serão capazes de contribuir significativamente para a sociedade. As sementes que plantamos hoje, por meio dos altos e baixos, formarão a colheita que, esperamos, será rica em caráter e princípios. Por meio da educação desses valores, não estamos apenas moldando vidas, mas ajudando a construir um mundo em que esses princípios podem brilhar.

Ao final, o maior legado que podemos deixar a nossos filhos é a capacidade de se tornarem exemplos de dignidade e amor. Que nós, como pais, possamos encontrá-los não apenas como filhos, mas como pessoas que estão empoderadas por uma ética sólida de condução em suas vidas e um arranjo que os leve a buscar a luz nos momentos mais sombrios. Nisso reside a verdadeira essência do nosso esforço contínuo na educação em valores.

CAPÍTULO 5

MODELANDO VALORES POR MEIO DO EXEMPLO

A prática diária dos valores

Neste capítulo, vamos aprofundar a importância de integrar a prática diária no ensino de valores essenciais às nossas crianças. Não é suficiente apenas conversar sobre amor, respeito ou honestidade; é necessário vivê-los e incorporá-los à nossa rotina familiar. Cada ação nossa é um elo poderoso que se conecta à aprendizagem dos nossos filhos, revelando que as palavras estão sempre acompanhadas por exemplos.

Por exemplo, a hora das refeições pode se tornar um pedacinho do paraíso, em que todos se reúnem para compartilhar histórias do dia. É um momento sagrado, um santuário repleto de risadas e, ao mesmo tempo, de ensinamentos que moldam o caráter. Ali, entre pratos e talheres, as discussões sobre como ajudamos alguém ou nos sentimos em relação a uma situação difícil podem surgir naturalmente. Ao ouvir os filhos falarem sobre seus pequenos atos de bondade ou desafios em que tiveram que escolher entre o certo e o fácil, somos lembrados de que, na simplicidade do cotidiano, há um terreno fértil para o cultivo dos valores.

Rituais como o de expressar gratidão antes de cada refeição também se tornam práticas significativas. Ao dar a cada um a oportunidade de partilhar pelo qual são gratos, criamos um espaço de reflexão em que as crianças aprendem a valorizar o que realmente importa. Esse ambiente caloroso que permite que elas desenvolvam não apenas amor por si mesmas, mas também respeito pelas outras pessoas e pelas pequenas coisas da vida.

Os aniversários e as festividades podem abrir portas para a prática de valores como o de compartilhar e se preocupar com os outros. Ao promover atividades que envolvam doações ou visitas a abrigos, facilitamos o aprendizado da compaixão. Enquanto envolvemos nossos filhos nessas experiências, eles começam a entender que o verdadeiro valor da vida não se mede por quanto temos, mas pelo quanto conseguimos dar e partilhar. Nesses momentos de união, as mensagens sobre altruísmo e generosidade se transformam em vivências que ficarão gravadas para sempre em suas memórias.

A consistência é outro aspecto essencial. Não basta falar sobre valores em um dia e agir de maneira contrária no dia seguinte. As crianças são observadoras astutas e podem captar contradições e inconsistências nas ações dos adultos. Incentivar o autoconhecimento se torna vital. Como pais, devemos buscar alinhar nossas ações às palavras que ensinamos. E, se em algum momento nos afastarmos desse caminho, nossa vulnerabilidade pode se tornar uma poderosa lição. Reconhecer erros e expressar arrependimento ensina às crianças que todos somos humanos, que errar faz parte do processo e que o importante é buscar sempre melhorar, criar novos caminhos em direção ao melhor de nós mesmos.

Essa prática de viver valores deve também passar pelo aprendizado de escuta ativa. Precisamos ensinar as crianças não apenas a ouvir com os ouvidos, mas também com o coração. Um simples "Como você se sentiu com isso?" ao ouvir o que elas têm a dizer demonstra respeito pelas suas emoções. Esse pequeno gesto criará laços de confiança profunda, nos quais os filhos sentem que suas vozes são ouvidas e valorizadas.

Pelos caminhos da vida familiar, a prática diária impregnada de valores se erguerá como uma fundação sólida. Esses ensinamentos deixarão marcas indeléveis nas almas de nossos filhos, preparando-os para que se tornem adultos que não apenas conheçam, mas vivem esses valores. E ao fazermos isso, não estamos apenas educando, mas criando um mundo em que amor, empatia e compaixão florescem, proporcionando um futuro mais esperançoso e repleto de significados.

Incorporar a bíblia no ensino dos valores

O ensino de valores, especialmente os fundamentados na fé cristã, encontra nas Escrituras uma fonte rica de orientação e sabedoria. Ao instruirmos nossos filhos sobre princípios com amor, compaixão e respeito, é essencial integrar os ensinamentos bíblicos às experiências do dia a dia, tornando-os parte da rotina familiar.

Uma maneira eficaz de começar essa jornada é por meio do compartilhamento de histórias bíblicas que refletem os valores que desejamos cultivar. A parábola do bom pastor, relatada em João 10:11-18, é um exemplo tocante de cuidado e sacrifício. Nessa passagem, Jesus apresenta-se como um bom pastor que dá a vida por suas ovelhas, mostrando o quanto é importante proteger, amar e cuidar do próximo com dedicação e altruísmo.

Inserir essas lições no cotidiano das crianças pode gerar conversas significativas. Perguntas como: "O que você faria para ajudar alguém que precisa de você?" ou "Como você se sentiria se fosse cuidado com tanto amor e proteção?" estimulam a reflexão e incentivam o cuidado e compaixão em suas próprias vidas, transformando valores em ações concretas e ajudando os pequenos a desenvolverem o senso de responsabilidade.

As passagens bíblicas devem ser utilizadas não apenas para leitura, mas também como ferramentas de conversa. Após a leitura, sugira perguntas que incentivem a introspecção e a aplicação dos ensinamentos. "O que podemos aprender com essa história que se aplica à nossa vida e relações com os outros?" Essa prática de debate promove um ambiente de aprendizado constante, moldando filhos que se tornam pensadores críticos em relação ao que foi ensinado.

Além disso, momentos de oração em família podem ser uma forma poderosa de integrar os valores cristãos. Ao orarem juntos, os filhos aprendem a importância de confiar a Deus seus desafios e alegrias. Uma simples oração pedindo por ajuda e empatia ao se deparar com outra pessoa é uma forma de cultivar não apenas a fé, mas também a profunda responsabilidade que temos para com os outros.

Recitar versículos bíblicos relacionados aos valores que desejamos inculcar, como Filipenses 2:3, que nos pede a agir com humildade, pode se tornar parte do cotidiano. Podem ser criadas pequenas rotinas, como "versículos da semana", em que todos os membros da família se comprometem a memorizar e pensar em maneiras de aplicar esse ensinamento ao longo da semana.

Importante destacar que os pais, como modelos, também precisam vivenciar os valores que ensinam, seja ao mediar conflitos com compaixão, seja demonstrar respeito às pessoas ao seu redor. As crianças, perceptivas, irão notar as consistências entre o que se diz e o que se faz. Essa conexão reforça a verdade de que os valores não são apenas práticas, mas uma forma de vida.

Portanto, ao conectar os ensinamentos bíblicos às nossas práticas diárias, permitimos que nossos filhos compreendam que os valores cristãos vão além de palavras. Eles tornam-se verdades vividas em nossa cotidianidade. Assim, ao adotar essa abordagem, não apenas cultivamos uma base sólida de integridade e amor, mas também oferecemos a nossos filhos um legado inestimável de valores eternos que moldarão seu caráter e agir no mundo.

Em síntese, a integração consciente das Escrituras na educação em valores emerge como um poderoso alicerce na formação do caráter das crianças. As histórias bíblicas são mais do que narrativas; são ferramentas essenciais que nos guiam no caminho da bondade e da compaixão, preparando nossas famílias para um mundo em que se sobressaem não apenas as palavras, mas também as ações que as acompanham.

Estratégias de envolvimento familiar

Ao olharmos para o cotidiano familiar, podemos perceber que a melhor maneira de ensinar valores é por meio da prática e do envolvimento de todos. Propor atividades que não apenas se alinhem aos nossos objetivos de formação, mas que também sejam divertidas e instigantes, é um desafio valioso. A recíproca sempre será verdadeira: a diversão gera aprendizado. As crianças, em sua natureza curiosa e exploradora, respondem positivamente a experiências que unem aprendizagem e diversão.

Uma maneira eficaz de transformar o lar em um espaço onde os valores são ensinados e fortalecidos é incorporar atividades que promovam o trabalho em equipe. Jogos em família, especialmente os de caráter cooperativo, incentivam todos a colaborar para alcançar um objetivo comum. Essas dinâmicas não apenas fortalecem a empatia, mas também ensinam o valor do respeito mútuo e da união. Por exemplo, um jogo de tabuleiro que exige cooperação para vencer pode ajudar as crianças a perceber a importância do apoio e da compreensão. Outra estratégia poderosa é envolver a família em ações comunitárias. Participar de doações de alimentos ou liderar campanhas de arrecadação para pessoas ajudando em situações de vulnerabilidade não apenas ensina o valor do altruísmo, mas também permite que todos experimentem a alegria de fazer a diferença. Quando as crianças participam dessas iniciativas, elas não apenas entendem o conceito de ajudar o próximo, mas também sentem na prática a satisfação de fazer a diferença na vida de alguém, desenvolvendo, assim, uma consciência social e um coração solidário desde cedo.

Criar um "quadro de valores" em casa pode ser uma forma interessante de rememorar os ensinamentos. Nesse espaço, todos podem colocar recordações, fotos, objetivos e palavras que representem os valores que estão sendo cultivados na família. Isso não só cria um ambiente visual que reforça o aprendizado, mas também permite que as crianças participem ativamente da construção do espaço e se tornem verdadeiros agentes na educação dos valores.

Por último, nadar contra a correnteza das influências externas é essencial. Em um mundo em que as redes sociais ocupam um espaço gigante nas vidas dos jovens, dedicar momentos sem tecnologia, em que eles conversem livremente sobre temas e desafios enfrentados, nos permitirá reforçar os valores que desejamos incutir. Discussões abertas e honestas sobre as dificuldades e como as crianças podem superá-las com amor e respeito tornarão a educação em valores um ato contínuo.

Assim, ao explorar e implementar essas estratégias de envolvimento familiar, criamos um ambiente seguro, de diálogo e pertencimento. Envolvendo todos, não apenas transmitimos aprendizados, mas experimentamos juntos o poder transformador dos valores que desejamos cultivar e perpetuar por toda a vida. A capacidade de juntos explorar, aprender e se desenvolver é, sem dúvida, um dos maiores legados que podemos deixar aos nossos filhos.

Com isso, podemos conclamar os pais a se comprometem a fazer da prática diária um estilo de vida. A transformação dos valores em hábitos regulares é o caminho para a construção de um futuro repleto de amor, respeito e compaixão. Que cada interação seja um passo rumo à formação de indivíduos íntegros e conscientes, que carreguem consigo a essência de um aprendizado que vai muito além da teoria e floresce cotidianamente.

Ao encerrarmos esta seção, é essencial reconhecer que educar nossos filhos em valores essenciais requer um compromisso contínuo e consciente. A luta por moldar indivíduos que expressem amor, respeito e empatia se inicia nas pequenas interações cotidianas e se reflete em como enfrentamos e superamos os desafios que surgem.

Portanto, convidamos cada pai e mãe a se tornarem agentes de mudança – a ser os modelos que os filhos tanto precisam. Cada conversa, cada risada e cada lição aprendida não só moldarão o caráter de seus filhos, mas também os prepararão para serem verdadeiros faróis de luz e esperança em um mundo que, muitas vezes, parece sombrio. É a missão que nos foi confiada: criar não apenas indivíduos íntegros, mas humanos capazes de impactar o mundo ao seu redor por meio do amor e do respeito que os fundamentam.

Que possamos sempre lembrar que, à medida que trilhamos esse caminho, também estamos aprendendo. A jornada é compartilhada e, a cada passo, temos a oportunidade de deixar um legado de amor e valores eternos – um presente inestimável que se perpetuará ao longo das gerações.

CAPÍTULO 6

A IMPORTÂNCIA DA CORRESPOSABILIDADE NA CRIAÇÃO DAS CRIANÇAS

Definindo corresponsabilidade familiar

A corresponsabilidade familiar é um conceito que deve ser entendido como a união dos esforços de todos os membros da família em prol de um ambiente harmonioso e educador. É um convite à reflexão sobre como cada um de nós contribui para o bem-estar coletivo. Pais, filhos, irmãos e irmãs – todos têm um papel relevante a desempenhar. Ao entendermos que a criação dos filhos não se limita apenas à responsabilidade dos pais, mas é um esforço conjunto, encontramos um novo horizonte de oportunidades para fortalecer laços, construir empatia e promover o crescimento individual e coletivo.

Desde os pequenos atos do dia a dia – como ajudar nas tarefas da casa ou dialogar sobre expectativas e sentimentos – até as grandes decisões que afetam a todos, cada membro da família precisa se sentir envolvido e valorizado. Quando uma criança percebe que suas opiniões são consideradas e que suas ações têm um impacto real na dinâmica familiar, ela se torna mais propensa a desenvolver um senso de responsabilidade e comprometimento.

Certamente, não é tarefa fácil. A rotina do dia a dia, repleta de compromissos e desafios, muitas vezes nos leva a esquecer que a construção de um lar e da educação não se dá em moldes rígidos, mas sim em um espaço vivo, em constante adaptação às demandas e necessidades de cada um. Famílias que praticam a corresponsabilidade cultivam um ambiente em que todos se sentem parte integral do processo, em que a comunicação flui e promove a escuta ativa.

Além disso, a corresponsabilidade reforça a importância da comunidade. Ao ensinarmos os filhos sobre a relevância de se ajudar mutuamente, não estamos apenas contribuindo para o bem-estar da nossa casa, mas desenvolvendo cidadãos conscientes de seu papel no mundo, capazes de empatia e solidariedade. Essa dinâmica responde à necessidade de formar indivíduos que entendem que o amor e o respeito são verbos que se conjugam no plural, e que todos juntos são mais fortes.

Assim, ao cultivarmos a corresponsabilidade em nossas famílias, não estamos apenas preparando as crianças para realizar suas próprias tarefas, mas também estamos oferecendo um modelo saudável de relações humanas. As experiências compartilhadas em um ambiente em que se valoriza a contribuição de todos servirão como lições que acompanharão os filhos por toda a vida, formando adultos mais capazes e sensíveis em suas interações sociais.

Iniciar esse processo demanda sensibilidade e exige uma série de ações que transformam diálogos cotidianos em pilares de aprendizado. Que nesta jornada cada familiar se sinta um agente de mudança, parte de um mesmo time em que todos têm um objetivo comum: construir um lar pleno e significativo. Que possamos nos lembrar sempre que a corresponsabilidade é mais do que uma palavra; é uma prática contínua que nutre o crescimento, criando raízes profundas que se transformarão em folhas e flores de amor e respeito.

Neste capítulo, adentraremos no significado prático da corresponsabilidade, explorando como ela pode ser efetivamente implementada em nosso dia a dia familiar.

Práticas de corresponsabilidade no dia a dia

Ao pensarmos na educação de nossos filhos, é necessário reconhecer que a corresponsabilidade não é apenas uma ideia abstrata, mas uma prática diária que pode transformar o cotidiano familiar em uma rica oportunidade de aprendizado e crescimento. Para que essa prática ganhe vida, vamos explorar algumas sugestões que podem ser facilmente implementadas na rotina familiar.

Uma das maneiras mais eficazes de introduzir a corresponsabilidade é por meio das tarefas domésticas compartilhadas. Ao envolver as crianças nas atividades diárias da casa, como cozinhar, arrumar ou cuidar do jardim, estamos não apenas tornando-as parte ativa do lar, mas também ensinando-lhes o valor do trabalho em equipe e do respeito mútuo. Cada tarefa completada em conjunto torna-se um pequeno passo na construção de um sentimento de pertencimento e responsabilidade. Além disso, o simples ato de cooperar gera uma alegria contagiante, reforçando laços afetivos enquanto todos compartilham risadas e pequenas conversas.

Celebrar momentos em família é uma forma poderosa de fortalecer laços e criar memórias significativas. Festas de aniversários, datas comemorativas e até as refeições diárias oferecem oportunidades para que todos os membros da família participem ativamente. Quando cada pessoa assume uma responsabilidade nas celebrações, não apenas se sente valorizada, mas também contribui para o sentimento de pertencimento e união. Essas ocasiões mostram que cada integrante tem um papel único e essencial na harmonia do lar.

Além disso, incluir a família em atividades comunitárias amplia a visão das crianças sobre o mundo ao seu redor. Envolver-se em trabalhos voluntários, organizar campanhas de doação ou participar de ações solidárias são formas de ensinar, na prática, o valor da empatia e da responsabilidade social. Essas experiências demonstram que pequenas atitudes podem gerar grandes mudanças, ajudando os filhos a entender que todos têm o poder de transformar a vida de outras pessoas para melhor.

Incorporar a gratidão no dia a dia da família é outra habilidade que traz benefícios profundos. Estabelecer um momento para que cada um compartilhe algo pelo o qual é grato, seja durante o jantar ou antes de dormir, criar um espaço de reflexão e conexão. Esse simples gesto ajuda as crianças a reconhecer as bênçãos presentes em suas vidas e a valorizarem as pequenas demonstrações de carinho e esforço que permeiam o cotidiano. Com o tempo, essa prática nutri o ambiente familiar mais positivo, em que o amor e apreciação mútua florescem.

Por último, é importante criar espaços de diálogo e reflexão. Incentivar discussões sobre o que funcionou bem e o que pode ser aprimorado na dinâmica familiar é essencial. Nesses momentos, todos devem ter a oportunidade de expressar suas opiniões e sentimentos. Essa abordagem não só constrói a confiança mútua, mas também ensina às crianças que o feedback faz parte da convivência e do crescimento.

Implementando essas práticas de corresponsabilidade no dia a dia, estamos moldando uma cultura familiar em que o respeito, a colaboração e a empatia são mais do que palavras: são ações que refletem a essência dos relacionamentos humanos. Que possamos, juntos, transformar cada dia em uma oportunidade de ensinar e aprender com amor – pilares que certamente avançam na construção de um futuro mais solidário e amável para nossos filhos. Afinal, ao praticar a corresponsabilidade, todos nós saímos ganhando: trazemos riquezas emocionais substanciais para dentro de casa e formamos indivíduos prontos para enfrentarem o mundo com coração e coragem.

Fomentar uma cultura de diálogo aberto e saudável dentro do lar é essencial para fortalecer a corresponsabilidade entre pais e filhos. Esse processo começa com a criação de um ambiente em que todos se sintam seguros para expressar seus sentimentos, pensamentos e opiniões, sem o receio de serem julgados. Não se trata apenas de manter conversas cotidianas, mas de cultivar um espaço de escuta ativa e compreensão genuína.

Uma forma eficaz de implementar essa prática é estabelecer momentos dedicados ao diálogo em família, em que cada integrante tenha a oportunidade de compartilhar suas vivências e desafios. Um exemplo simples e poderoso é reservar um jantar semanal para essas conversas. Nessas ocasiões, a mesa deixa de ser apenas um local para as refeições e se transforma em um ponto de encontro emocional, onde a comida alimenta o corpo e as palavras nutrem as relações. Esses encontros ajudam a criar vínculos mais profundos, incentivando a confiança mútua e o senso de pertencimento dentro do lar. Algo como: "Como foi seu dia? O que mais te deixou feliz ou triste?" São perguntas que, quando sinceras, revelam muito sobre o que os filhos estão sentindo e pensando.

Com essas conversas, lembramos que não se deve impor as opiniões. Um diálogo efetivo é uma troca. Os filhos precisam sentir que suas vozes contam e que estão sendo ouvidos de verdade. Podemos usar ferramentas como "rodas de conversa", em que todos, inclusive os mais novos, têm espaço para se manifestar. Isso pode parecer simples, mas para uma criança ser ouvida é um valor incalculável. Cria-se um laço de confiança, em que elas sentirão que podem abrir seu coração a cada um de nós.

É importante também adaptar a comunicação à faixa etária das crianças. Para os mais novos, uma linguagem simples e direta é essencial. Ensinar que cada um tem sua vez para falar, sem interrupções, é uma prática que cultivará a paciência e a empatia. Para os adolescentes, os pais podem introduzir temas mais complexos, discutindo questões sociais ou dilemas morais, sempre conduzindo a conversa de maneira respeitosa.

Outra abordagem interessante é permitir que os filhos expressem críticas ou insatisfações. Sempre que uma crítica é feita, em vez de reagir defensivamente, os pais podem perguntar: "O que poderia ser diferente para você se sentir mais à vontade?" Isso não apenas valida os sentimentos deles, mas também os instrui sobre como expressar descontentamento de maneira saudável.

As mudanças na comunicação devem ser sempre acompanhadas por empatia e solidariedade. Vale sempre ressaltar: nossa habilidade de ouvir e entender significativamente como nossos filhos se sentem ajudará a construir um refúgio seguro em que eles se sintam confortáveis para serem eles mesmos. Abrir espaço para que compartilhem suas lutas e conquistas não só os ensinará sobre a vulnerabilidade, mas os preparará para que sintam que possam sempre contar conosco.

Por fim, ao encerrar cada conversa, um abraço ou um gesto de carinho pode solidificar a conexão estabelecida. Afinal, a comunicação não é só verbal; é uma dança de emoções e sentimentos que, quando bem conduzida, resulta em uma harmonia familiar que ressoa por toda a vida.

Assim, à medida que promovemos essa cultura de diálogo e comunicação, estamos construindo as bases para uma família mais unida e consciente, em que todos se sentem parte fundamental dessa responsabilidade compartilhada por criar um ambiente amoroso e respeitoso. Com esses passos, a corresponsabilidade familiar se torna não apenas uma meta, mas uma realidade viva e presente no cotidiano.

Aprendendo com exemplos e experiências

A corresponsabilidade familiar é um princípio transformador que se revela em diversos momentos da vida cotidiana, proporcionando lições valiosas que moldam o caráter dos filhos. O poder dos exemplos é indiscutível, e é por meio das experiências que ensinamos os valores que desejamos que eles absorvam. Vamos relembrar o conto da pequena Ana, que, ao ver sua mãe ajudando um vizinho, aprendeu a importância do altruísmo de forma viva e profunda.

Certa vez, durante um dia ensolarado, a mãe de Ana decidiu preparar uma sopa quentinha para um vizinho que não estava se sentindo bem. Ana, curiosa, observou cada passo da mãe. Não apenas viu os ingredientes sendo cuidadosamente escolhidos, mas também presenciou o sorriso e o carinho com que sua mãe falava sobre aquele gesto. Quando a mãe terminou, Ana perguntou: "Por que você está fazendo isso?". A resposta veio carregada de amor: "Porque ajudar alguém é como semear um pouco de amor no coração, minha filha".

Aquela simples entrega de sopa tornou-se, para Ana, uma aula prática de empatia e generosidade. Ela não apenas entendeu o ato de ajudar, mas sentiu a alegria que ele traz. Ao ver como as pequenas ações podem transformar o dia de alguém, a jovem aprendeu que o mundo é melhor quando somos solidários. Assim, o ambiente em casa, cheio de colaboração e respeito, repercutirá ao longo das gerações, estabelecendo um padrão de ações e valores.

Além disso, os momentos difíceis também têm sua importância. Quando uma situação de conflito emerge entre irmãos, os pais têm uma oportunidade ímpar de ensiná-los sobre a resolução de problemas e habilidades de mediação. Um incidente marcante vem à mente: uma briga entre Ana e seu irmão porque um brinquedo foi quebrado. Em vez de simplesmente punir, os pais se sentaram com as crianças para discutir a origem do conflito. Eles ajudaram a refletir sobre como a comunicação e a compreensão podem resolver mesmo os desentendimentos mais agudos. "Vocês amam um ao outro, certo? Então, como podemos encontrar uma solução juntos?", foi a pergunta que abriu o diálogo.

No poder da escuta ativa e da expressão honesta, as crianças puderam verbalizar suas frustrações e encontrar um meio-termo. Elas aprenderam que não é sobre quem está certo ou errado, mas sobre a importância de ouvirem-se mutuamente e resolverem suas questões com amor. Essa abordagem desenvolveu habilidades essenciais que perdurarão por toda a vida, especialmente em relacionamentos futuros.

Essas experiências e exemplos são as pedras angulares para formar o caráter dos filhos. Quando os pais se esforçam para ser modelos de corresponsabilidade, os filhos vão além de qualquer lição teórica; eles vivenciam na prática. A resolução de conflitos, o ato de ajudar, o dialogar em família – esses momentos são apolíneos em sua formação, evidenciando que as práticas diárias de corresponsabilidade estabelecem o caminho para um futuro em que a empatia e o amor prevalecerão.

Diante de tais vivências, não podemos esquecer da importância de encorajar os filhos a liderar, compartilhando suas próprias experiências. Envolver os jovens nas decisões do dia a dia, por mais simples que sejam, é uma maneira eficaz de mostrar que suas opiniões têm importância e que cada membro da família contribui para o equilíbrio do lar. Quando uma criança é encarregada de pequenas responsabilidades, como alimentar um animal ou ajudar na organização da casa, ela não apenas desenvolve o senso de compromisso, mas também fortalece seu vínculo com a família e o ambiente em que vive.

Além disso, destacar os aprendizados que surgem das experiências e interações cotidianas dentro de casa é fundamental para estreitar os laços familiares. Essas vivências não só aproximam pais e filhos, mas também ajudam a formar indivíduos mais conscientes do seu papel e responsabilidade na sociedade. Cada momento compartilhado, seja em desafios ou conquistas, contribui para o crescimento pessoal e coletivo, criando uma base sólida para o futuro. Dessa forma, cada momento vivido, cada exemplo dado é uma semente que, regada pela prática diária da corresponsabilidade, poderá florescer e trazer frutos maravilhosos no futuro – um legado de amor, união e solidariedade que moldará novas gerações.

CAPÍTULO 7

COMUNICAÇÃO ABERTA: DIÁLOGOS CONSTRUTIVOS EM FAMÍLIA

A comunicação familiar, aquele fio invisível que conecta corações, é uma das artes mais essenciais que podemos cultivar. Vivenciamos a correria do dia a dia e, em meio a compromissos e obrigações, muitas vezes desguarnecemos as conversas que verdadeiramente importam. Neste capítulo, vamos aprofundar a importância da comunicação aberta e honesta, explorando como esses diálogos transformam a dinâmica familiar e criam laços indestrutíveis.

Imagine a cena: é a hora do jantar. Ao redor da mesa, os membros da família compartilham não apenas as iguarias preparadas com carinho, mas também histórias do cotidiano. Cada um traz na bagagem uma experiência diferente, uma emoção distinta. Nesse ambiente, a comunicação se torna mais do que uma simples troca de palavras; é um ato de amor que nutre a alma. As crianças aprendem a se expressar, enquanto os adultos redescobrem a importância de ouvir. Afinal, cada jovem ouvido tem suas próprias vivências, e cada adulto traz consigo a sabedoria que a vida proporciona.

A abertura para esse tipo de diálogo é fundamental. Ao promover um espaço seguro, em que todos se sintam à vontade para compartilhar suas preocupações e alegrias, construímos o alicerce para uma relação de confiança mútua. Assim, os filhos não apenas crescem selvagens em seu entendimento emocional, mas também se tornam agentes ativos em sua formação familiar. Quando percebem que suas preocupações são escutadas e valorizadas, a comunicação se torna um poderoso instrumento de conexão.

Para que isso se concretize, os pais podem adotar estratégias práticas que facilitem esse intercâmbio. Começar talvez não seja tão simples. Entretanto, institutos de momentos específicos dedicados a conversas significativas podem fazer toda a diferença. Pode ser um jantar semanal ou um simples passeio no parque. "Como foi o seu dia?" deve ser mais do que um mero cumprimento, mas um convite a um diálogo mais profundo.

Promover a escuta ativa é outro aspecto fundamental. Mais do que simplesmente escutar, é fundamental estabelecer uma conexão verdadeira com as palavras e emoções de quem está falando. Isso acontece quando demonstramos interesse genuíno, fazendo perguntas abertas que incentivam a reflexão e oferecem espaço para que o outro se sinta realmente ouvido. Perguntas como "O que te fez sentir dessa forma?" funcionam como portas de entrada para que sentimentos e pensamentos profundos sejam compartilhados, criando um ambiente de confiança e acolhimento onde ninguém se sinta invisível ou julgado.

Ainda assim, é importante abordar os temas difíceis. Conversar sobre emoções difíceis, como tristeza, luto ou até problemas financeiros, não deve ser um tabu dentro de casa. Enfrentar esses assuntos com honestidade e oferecer apoio emocional mostra aos nossos filhos que é seguro e saudável falar sobre sentimentos desafiadores. Eles aprendem que expressar suas angústias não é sinal de fraqueza, mais um passo importante para lidar com as adversidades da vida. Criar esse ambiente de confiança os preparam para o futuro, quando precisarão encontrar suas próprias dúvidas e incertezas. Ainda assim, é importante abordar os temas difíceis.

Além disso, reconhecer o impacto positivo da comunicação aberta revela uma verdade poderosa: famílias que conversam de forma constante desenvolvem vínculos mais fortes e duradouros. Crianças que crescem em um ambiente em que são ouvidas tendem a carregar esses valores adiante, cultivando relações baseadas no amor e no respeito às suas futuras famílias. Que possamos continuar nessa jornada de aprendizado, em que cada diálogo seja uma oportunidade única de conexão, fortalecimento e crescimento mútuo.

A comunicação aberta é um pilar sobre o qual se ergue uma estrutura familiar sólida. Que possamos nos lembrar de sempre nutrir essa habilidade, transformando cada dia em uma nova chance de amar, ouvir e entender uns aos outros. Assim, faremos do lar um espaço de paz e harmonia, repleto de diálogos que fortalecem os laços e ficam gravados na memória como as mais doces lembranças.

Durante anos, ao redor da mesa da cozinha, histórias foram contadas, risos compartilhados e até algumas lágrimas foram derramadas. Era ali, naquele calor humano, que a família se reunia não apenas para alimentar-se, mas para se conectar. Em um desses jantares, o tema era o tão desafiador quanto necessário cultivo de uma comunicação aberta.

Dona Clara, a matriarca, sempre acreditou que as palavras têm poder. Com um olhar sereno, ela comentou sobre a importância de criar um espaço em que todos se sintam à vontade para expressar suas emoções e pensamentos. "Cada um de nós aqui tem algo único a compartilhar. As diferenças são um presente e, quando as ouvimos, nos tornamos mais fortes".

Os filhos, Tiago e Helena, escutavam atentamente. Tiago, talvez o mais introspectivo, refletiu sobre como muitas vezes se sentia ansioso ao compartilhar seus sentimentos. Ele hesitou, mas a carinha encorajadora da mãe fez com que ele se abrisse. "Às vezes, eu só me sinto entendido quando leio um livro ou escuto música. Não sei como colocar isso em palavras", disse ele, com um leve tremor na voz.

Dona Clara sorriu e ficou emocionada. "Meu querido, essa é exatamente a razão pela qual precisamos da comunicação. Não espero que você saiba todas as respostas, mas o que importa é a sua vontade de tentar". A mãe se levantou e pegou um caderno da prateleira. "Que tal, em cada refeição, um de nós compartilhe um sentimento ou uma experiência do dia? Isso pode ser uma forma de começarmos".

Helena, sempre animada, rapidamente apoiou a ideia. "Podemos muitas vezes, estar tão ocupados que esquecemos de perguntar uns aos outros como estamos de verdade. Vai ser divertido!".

Assim, um novo ritual familiar começou a se alicerçar na vida de Dona Clara e seus filhos. Não se tratava apenas de um momento de fala, mas de um espaço real em que Tiago pôde expressar suas ansiedades sobre a escola e Helena, sua empolgação pelos projetos de arte. Com o tempo, as histórias se entrelaçaram, formando uma tapeçaria rica de experiências.

As refeições não eram mais apenas um momento para nutrir os corpos, mas um sagrado espaço de amor e conexão. Eles aprenderam, de fato, a escutar. O ato de ouvir se tornou um verdadeiro presente, e a honestidade nas interações abriu caminho para a empatia.

Mais tarde, Tiago, decidido e mais confiante, começou a compartilhar suas experiências de forma mais aberta. Um dia, enquanto falava sobre um amigo que estava passando por problemas, ele expressou: "Sabe, mãe, eu percebi que muitas vezes não falamos sobre as coisas difíceis, e isso nos afasta. Precisamos ser mais corajosos".

Dona Clara assentiu, convencida de que a jornada da comunicação aberta tinha dado passos significativos. Assim, entre histórias e sentimentos, eles cultivaram um espaço de confiança e segurança, em que todos se sentiam à vontade para serem autênticos uns com os outros. Afinal, a chave para uma família unida está em conquistar a coragem de ser vulnerável e, ao mesmo tempo, acolhedores.

Neste capítulo, exploramos a importância dessa comunicação sincera e desarmada, destacando que o laço familiar se fortalece não por uma comunicação perfeita, mas por aqueles momentos sinceros de falas e escuta, em que a vulnerabilidade é recebida com amor. O que se plantou ao longo dessas conversas sinceras certamente florescerá em lembranças queridas e será o legado que os filhos levarão para suas próprias famílias, transmitindo a mensagem de que, na simplicidade da comunicação, reside a força das relações.

Uma dinâmica familiar entra em jogo quando a conversa toma um rumo inesperado. Um dia, ao final de um almoço, a mãe de Tiago e Helena percebeu que o clima estava um pouco tenso. Havia algo nas expressões deles que sugeria que uma discussão, embora sutil, que precisava ser enfrentada. Tiago havia se isolado um pouco, passando mais tempo no seu quarto, e Helena, por outro lado, parecia novamente em busca de atenção.

"Tiago, você tem estado meio calado ultimamente. É algo que te incomoda? Quer falar sobre isso?", perguntou Dona Clara, com um sorriso encorajador. A pergunta pairou no ar, tornando-se o fio que desbloqueava o coração do jovem.

Com um leve nervosismo na voz, Tiago finalmente desabafou: "Eu só não sei como vocês se sentem sobre meus amigos e o tempo que passo com eles. Sinto que não estou sendo ouvido".

Helena, que até então observava a conversa com curiosidade, adicionou: "Eu também gostaria de ter mais atenção às minhas coisas, como nas minhas aulas de arte. Às vezes, sinto que vocês não repararam nos meus desenhos".

Dona Clara, percebendo que as conversas honestas surgiam como um sol primaveril, respondeu: "Obrigada por compartilharem isso comigo. Pode parecer que estamos ocupados, mas nossas interações e sentimentos são sempre importantes. Vamos encontrar uma maneira de equilibrar nossos tempos e nos conectarmos mais".

Nesse instante, algo que poderia ser uma simples refeição se transformou em um retiro emocional, em que novos entendimentos começaram a florescer. A abertura de Tiago e Helena permitiu que a atmosfera se tornasse leve e amorosa. A comunicação, uma arte contínua, estava em vigor.

O que Tiago e Helena aprenderam naquele dia não foi apenas sobre a importância de expressar seus sentimentos, mas também sobre a disposição que a família inteira tinha para ouvir. Não se tratava apenas de diálogos; era sobre validar cada voz à mesa.

Sabendo que a comunicação clara nem sempre é natural, é necessário passar por algumas dificuldades. Dona Clara orientou os filhos, enfatizando a importância da sinceridade aliada à compaixão. "Às vezes, precisamos abordar papéis delicados e emoções intensas. Não é fácil, mas é essencial para construir o que chamamos de amor".

Helena, atenta, mexeu os pés no chão e disse: "Então, dessa vez, devemos começar a ter reuniões familiares semanais. Assim, todos nós falaremos, tentaremos ser honestos e ninguém será deixado de fora".

Tiago olhou para a irmã e sorriu, percebendo que juntos poderiam fazer a diferença. Assim, com a inocência da infância, mas a profundidade do amor, uma nova tradição estava se formando.

Ser capaz de lidar com diálogos difíceis é uma habilidade que se aperfeiçoa com o tempo. Os pais, como guias na jornada, devem constantemente se lembrar da importância de encontrar as palavras certas e o momento exato. Aprender juntos e cultivar essas conversas abertamente transforma a relação familiar, proporcionando um ambiente caloroso, em que cada palavra construída é um tijolo que se ergue a cada dia.

Assim, as refeições, que muitas vezes parecem ser apenas uma tradição cotidiana, tornam-se um espaço sagrado – em que o diálogo aberto não apenas respira, mas dança, enredando-se em criações de amor e compreensão entre todos. A obra da família quando unida se torna cada vez mais linda, com cada voz e coração ressoando em sintonia.

Neste fragmento, exploramos as nuances da comunicação no seio familiar, destacando como a abertura e o entendimento podem ajudar a cultivar um vínculo forte e saudável. Assim, a comunicação não é apenas um ferramental, mas sim uma construção coletiva de que podemos todos participar, dia após dia.

Falemos, então, sobre os inúmeros benefícios que a comunicação aberta pode trazer ao cotidiano familiar. Quando falamos sobre esse tipo de diálogo, estamos realmente falando sobre a capacidade de ouvir e de sermos ouvidos de maneira genuína e eficaz. A comunicação positiva é um dos pilares fundamentais que sustentam relações conjuntas e saudáveis e influenciará, de forma indiscutível, a formação das crianças em seus aspectos emocionais e sociais.

Uma comunicação clara e honesta não é apenas uma ferramenta; ela é uma ponte construindo laços entre os interesses e as emoções de cada membro da família. Vamos imaginar a cena em uma sala de estar aconchegante, em que, após um dia intenso de atividades, todas as vozes se reúnem. Há um ar descontraído. A mãe pergunta ao filho, com um sorriso acolhedor: "Como foi o seu dia na escola?". Esse simples gesto, carregado de uma intenção genuína, abre o espaço para que o jovem não apenas compartilhe suas experiências, mas também seus sentimentos e dilemas vividos ao longo da jornada.

Histórias surgem, e a essência da comunicação efetiva brilha. Ao ouvir o que está acontecendo com seu filho, a mãe cria um espaço seguro em que ele se sente valorizado. Mesmo que existam dificuldades, ao abordar seus desafios, o jovem se sente fortalecido por saber que sua família está ao seu lado. Assim, o ato de se comunicar se transforma em um ato de amor e nutrição emocional.

Esses momentos não precisam ser longos ou excessivamente formais. Sua grandeza está na informalidade e na abordagem humana. Uma conversa durante o café da manhã pode ter o mesmo valor significativo que um encontro planejado. Importa lembrar que o essencial é o interesse e a disposição em ouvir o outro. Seja uma carinha preocupada ou um sorriso animado, essas pequenas interações constroem um clima familiar que é estimulante e positivo.

Em tumultuadas jornadas familiares, a confiança é frequentemente testada. Temas espinhosos, aqueles que causam desconforto, devem ser abordados cautelosamente. Diálogos sobre desentendimentos entre irmãos, questões escolares ou até as inseguranças sobre o futuro devem ser tratados com respeito. É comum que as crianças ou jovens resistam em compartilhar preocupações, mas a abordagem empática pode abrir portas para discussões enriquecedoras.

Num caso particularmente comum, ao abordar um desafio escolar, o pai pode perguntar: "O que você acha que pode ser feito para melhorar nessa disciplina?". Nesse instante, a criança se sente no controle da situação, tornando-se parte ativa na busca de soluções. Em vez de impor a opinião dos adultos, essa conversa fomenta a coragem de expressar e encontrar respostas em conjunto.

Não podemos deixar de lado o poder da vulnerabilidade. Ao exprimirem também suas dificuldades e questionamentos com sinceridade, os pais mostram que errar faz parte do aprendizado e que, juntos, poderão superar qualquer obstáculo. Essas lições sobre a fragilidade das emoções são, muitas vezes, mais valiosas do que qualquer ensinamento.

Assim, a prática de uma comunicação aberta no dia a dia, permeada por diálogos francos e acolhedores, beneficia não apenas a relação familiar, mas também forma cidadãos mais seguros e respeitosos. Quando as crianças se sentem confortáveis em expressar seus sentimentos e pensamentos, desenvolvem habilidades interpessoais que carregarão por toda a vida. Portanto, o ambiente que criarmos em casa hoje será o reflexo de como nos relacionaremos amanhã com o mundo.

O convite a todos nós é simples: que possamos cultivar essa arte da comunicação tornando nosso lar um pequeno refúgio de amor e diálogo. Aproveitemos este momento, espalhando a confiança, a compreensão e, principalmente, o amor que nos une nessa jornada.

CAPÍTULO 8

O CAMINHO DO PERDÃO: RESOLVA CONFLITOS COM A PALAVRA

A vida em família é uma dança constante entre alegrias e desafios, na qual o perdão ocupa um lugar de destaque – não apenas como uma necessidade, mas como uma prática transformadora. Em um mundo repleto de mal-entendidos e conflitos, o perdão se revela como um bálsamo que cura as feridas emocionais que, muitas vezes, deixamos abertas. É por meio do perdão que construímos a verdadeira essência do amor familiar, cristalizando ligações que superam qualquer adversidade.

Tomemos como exemplo a história de José do Egito, um jovem que enfrentou profundas traições e injustiças dentro de sua própria família, ao ser vendido como escravo por seus irmãos. Mesmo assim, anos depois, quando José se tornou uma figura influente e seus irmãos retornaram em busca de ajuda, ele optou por perdoá-los. A grandeza desse ato não apenas restaurou os laços fraternais, mas também trouxe à tona uma reflexão poderosa: o perdão muitas vezes começa com uma decisão corajosa de ver além da dor e se abrir para o amor. Afinal, o vínculo familiar deve ser valorizado acima das mágoas.

As escrituras estão repletas de ensinamentos que ressaltam a importância do perdão. A admoestação "Perdoa, e serás perdoado" ecoa profundamente em nossas interações diárias.

Esse princípio não apenas nos incita a liberar o peso da mágoa, mas também nos convida a refletir sobre nossas próprias falhas e a aceitar que todos somos vulneráveis às debilidades humanas. Crianças, em seu processo de desenvolvimento emocional e social, precisam entender que errar é humano e que a capacidade de perdoar é um dos maiores signos de fortalecimento do caráter.

Nesse caminho do perdão, devemos estar atentos a algumas armadilhas que frequentemente encontramos, como o orgulho e a resistência. Muitas vezes, o orgulho vem como um visitante indesejado, arrebentando as linhas de comunicação e fazendo-o acreditar que, ao perdoar, você discute sua virilidade ou se submete a uma injustiça. Mas a verdade é que o perdão é um ato de bravura; é libertador. Perdoar não é esquivar-se da dor, mas sim decidir não deixar que a dor controle sua vida ou suas relações.

O perdão a si mesmo é uma prática fundamental, embora muitas vezes deixada de lado. Com frequência, somos críticos mais severos de nossos próprios erros, carregando sentimento de culpa e vergonha que afetam diretamente a nossa saúde emocional. Esse peso interno não fica restrito ao nosso íntimo; ele transparece nas relações familiares, influenciando na forma como nos conectamos com aqueles que amamos. Ensinar nossos filhos a praticar o autoperdão é uma lição valiosa sobre aceitação e equilíbrio emocional, algo que levarão consigo ao longo da vida. Quando aprendemos a soltar o fardo do passado, nossa jornada se torna mais leve e significativa.

O perdão, tanto para consigo mesmo como para com os outros, é a base para relações familiares saudáveis. Reconhecer nossas falhas e a importância de perdoar cria um ambiente propício para reconstrução da confiança e o fortalecimento do amor. Esse processo abre espaço para cada membro da família se senta acolhido, compreendido e seguro, permitindo que os laços se aprofundem e floresçam com autenticidade.

Ao encerrarmos esta significativa reflexão sobre o perdão, somos chamados a um despertar: aprender que o perdão é uma prática diária, não um evento. É aprender a liberar o que nos fere e a acolher a luz que resulta de um amor incondicional. Que possamos, em cada desafio enfrentado, buscar a prática do perdão como um caminho para o crescimento da família, decorando nosso lar não apenas com memórias de dor, mas também com resiliência e amor renovado.

No cotidiano das relações familiares, o perdão se apresenta como um dos mais poderosos instrumentos de reconciliação e crescimento. No entanto, muitas vezes, é o orgulho – essa barreira impenetrável que se impõe entre as pessoas – que dificulta essa prática tão necessária. É interessante observá-lo em ação não só nas pequenas desavenças cotidianas, mas também nas grandes disputas que, se não mediadas, podem se multiplicar como ervas daninhas, sufocando a possibilidade de um relacionamento saudável.

Imaginemos uma cena comum em uma casa, em uma tarde qualquer. Miguel e Laura, irmãos de idades semelhantes, acabaram de ter uma discussão. Um desentendimento trivial sobre quem deveria usar a televisão, mas que rapidamente escalou para algo muito maior. Agora, eles se ignoram, cada um se enfiando em suas respectivas bolhas. A tensão é palpável, e a casa, antes cheia de risos, se tornou um campo de batalha silencioso.

E então entra em cena a mãe, Dona Maria, observando tudo. Com um olhar cuidadoso, ela se aproxima dos filhos. "Vocês lembram da história do perdão?", pergunta ela, com um tom suave, mas firme. Miguel, relutante, faz um gesto de desaprovação. "Como podemos perdoar se ele nunca cede?", responde. Laura, por sua vez, revira os olhos, alimentando ainda mais a divisão.

Dona Maria respira fundo. "É exatamente aí que o orgulho se coloca entre nós. Vocês acreditam que precisam ser os vencedores nesta disputa, mas, na verdade, estão apenas ferindo um ao outro". Então, ela revela uma história de sua própria juventude, quando um desentendimento com uma amiga quase destruiu uma amizade valiosa. "Por causa do meu orgulho, deixei de conversar durante meses. E vocês sabem o que aconteceu? Quase perdi alguém que amava muito".

Com palavras que transbordam sabedoria, Dona Maria expressa a importância da humildade. "O orgulho pode fazer com que nos sintamos fortes, mas é a humildade que realmente nos fortalece. Lembrem-se de que pedir desculpas não significa derrota; pelo contrário, é um sinal de que vocês se importam um com o outro".

A sala permanece em silêncio por alguns instantes. Laura, tocada pelas palavras da mãe, olha para Miguel. Com um leve aceno de cabeça, ela rompe o silêncio. "Eu sinto muito, Miguel. Eu também estava sendo teimosa sobre a TV". Em um gesto tímido, Miguel responde: "Desculpa, também, por não ter sido mais flexível". Nesse momento, as barreiras do orgulho começam a desmoronar, dando espaço para a reconciliação.

Esse pequeno ato de coragem, de deixar o orgulho de lado, transforma a dinâmica familiar. A capacidade de perdoar, de acolher um ao outro de volta ao seio da família, se torna uma prática poderosa que ensina às crianças que a verdadeira força está na vulnerabilidade. Ao resistir ao orgulho e procurar o perdão, não apenas curamos as feridas, mas também alimentamos um amor duradouro que transcende desavenças.

Refletindo sobre a importância do perdão, somos lembrados de que, na vida familiar, as mágoas podem parecer profundas, mas a resiliência permite superá-las. O orgulho, por sua vez, não é mais do que uma sombra que se dissipa com a luz da compreensão e da humildade. E assim, a dança do perdão continua sempre revelando a beleza de um laço que se fortalece na adversidade.

Por fim, as lições sobre o perdão e a resistência ao orgulho servem como alicerces para uma convivência harmoniosa. Quando os laços familiares se tornam o centro de nossa experiência emocional, cada conflito nos aproxima um pouco mais, desde que tenhamos a coragem de dialogar e o amor de perdoar, dando espaço para a compreensão e, acima de tudo, para o crescimento mútuo. Que possamos sempre buscar a humildade como a verdadeira força que nos une e permite um futuro construído com amor e respeito.

Em uma atmosfera de tensão, em que o orgulho e as desavenças parecem se entrelaçar, surge a necessidade premente de cultivar o perdão como uma prática integral na vida familiar. O perdão em família não é apenas uma decisão emocional; é um exercício de intencionalidade que deve ser nutrido no cotidiano, transformando conflitos em oportunidades de crescimento e reconciliação.

Assim, para praticar o perdão de maneira eficaz, começamos a delinear algumas abordagens que podem ser incorporadas nas interações diárias. A primeira delas é a criação de um ambiente seguro para a expressão emocional. É crucial que os membros da família sintam que suas vozes são importantes, independentemente de quão pequenos sejam os assuntos em questão. Um ambiente encorajador propicia que crianças e adultos se abram sobre mágoas e ressentimentos, facilitando a troca sincera de sentimentos. Ao transformar um momento tenso em uma conversa leve, podemos dissipar o calor das emoções negativas. Será que você já parou para pensar no poder de um "sinto muito" oferecido com genuíno arrependimento?

Além disso, um exercício que pode ser profundamente transformador é a "roda do perdão". Reunir a família em um círculo, em que cada membro possa compartilhar esperando sua vez com paciência e respeito, cria um momento mágico. Cada relato é um passo na jornada do entendimento. Os membros da família podem relatar experiências que os magoaram, seguidos de expressões de gratidão e perdão, construindo assim um repertório coletivo de empatia. A ideia não é só dizer o que se sente, mas se colocar no lugar do outro, enxergando a situação pela perspectiva de quem foi ferido.

A prática do "diário do perdão" é outra ferramenta poderosa, no qual cada um pode anotar suas reflexões sobre eventos que causaram dor. Escrever sobre as situações, elencando os sentimentos e as lições aprendidas, oferece uma forma de processar as emoções. A escrita tem um poder libertador. Ao reler essas anotações, percebemos nossos próprios altos e baixos e como todos somos passíveis de erros. Isso instiga a essência do perdão, que começa dentro de cada um de nós.

Por último, a manifestação concreta de rituais de perdão, como orações em família, pode reforçar a conexão e trazer à tona gratidão e amor. Ao orar juntos, é possível refletir sobre aqueles momentos que desafiaram a união familiar, mas que também serviram como laboratórios de aprendizado. Tentar, mesmo que numa pequena reflexão, reconhecer que somos todos imperfeitos cria um laço ainda mais forte.

Este trecho se desenrola como um convite ao perdão. Incentiva a todos, pais e filhos, a verem o perdão não como apenas uma solução temporária, mas como um estilo de vida que transforma o habitual em uma prática significativa. O que se pratica em casa reverberará no mundo, influenciando não só os laços familiares, mas também as interações fora dela. Permita-se, portanto, tornar a linguagem do perdão parte da rotina.

Deixemos que o perdão se torne o fio condutor da história familiar. À medida que este capítulo se encerra, que possamos olhar para trás e enxergar a riqueza do amor manifestada em meio às imperfeições. O futuro brilha com a promessa de que, ao abraçar o perdão, podemos construir laços indestrutíveis que perdurem, transformando nossa família em um refúgio de amor e compreensão, em que sempre se buscará a reconciliação como um ato de coragem e beleza.

A prática do perdão é um legado fundamental que devemos cultivar em nossas famílias. Ela não apenas transforma a forma como nos relacionamos com os outros, mas também permite que nossas crianças aprendam habilidades essenciais para a vida fora do lar. O ato de perdoar ensina empatia e um sentido profundo de comunidade, essencial para navegar nas complexas mazelas das interações humanas.

Ao ensinar nossos filhos sobre o valor do perdão, oferecemos a eles uma ferramenta poderosa para lidar com conflitos e desafios emocionais de forma serena e equilibrada. O perdão não é apenas um conceito abstrato, mas algo que se manifesta em gestos simples do cotidiano. Um abraço sincero após uma discussão ou um pedido de desculpas genuíno pode ser um símbolo transformador de reconciliação e amor. Incentivar as crianças a expressarem suas emoções e resolverem desentendimentos com empatia criando um ambiente familiar mais harmonioso.

Queremos que as futuras gerações entendam que perdoar não é sinal de fraqueza, mas uma das maiores provas de amor e coragem que alguém pode oferecer. O perdão é um ato que liberta tanto quem o concede como quem o recebe. Exemplos como o filho pródigo ilustram de forma clara como o perdão tem o poder de restaurar relações quebradas e fortalecer os laços familiares. Ao cultivar essa prática, preparamos nossos filhos para construir redes mais saudáveis e compassivas ao longo da vida. O pai que aceitou seu filho de volta, mesmo após tantas decepções, instaurou um espaço seguro para que o amor florescesse novamente.

O perdão deve ser visto como uma jornada e não como um ato instantâneo. Não significa apagar a dor ou fingir que ela nunca existiu, mas sim reconhecer e validar os sentimentos envolvidos, enquanto se abre espaço, pouco a pouco, para que o amor e compreensão voltem a florescer. Assim como o céu clareia gradualmente após uma tempestade, o perdão ilumina o caminho da cura e traz consigo a chance de recomeçar, criando novas lembranças cheias de esperança e renovação.

E como legar isso aos nossos filhos? Por meio de diálogos sinceros e da prática diária dessa arte que é perdoar. Uma técnica útil é promover discussões familiares sobre eventos em que o perdão foi necessário e como os envolvidos se sentiram. Além disso, podemos incentivar a expressão de sentimentos por meio da arte ou da escrita. Isso não apenas os ajuda a processar a dor, mas também a encontrar formas criativas de lidar com os conflitos.

À medida que as crianças crescem em um lar que valoriza o perdão, elas carregarão esse conhecimento para as interações desenvolvidas ao longo da vida. Para aqueles que praticam o perdão, a capacidade de construir relacionamentos saudáveis será uma segunda natureza. Elas aprenderão que toda ação gera uma reação e que, ao se deixarem guiar pelo amor, seus laços familiares se fortalecerão, permitindo que enfrentem desafios com resiliência e compreensão.

Ao final das contas, o legado que deixamos a nossos filhos se dá pela forma como nos posicionamos em relação ao perdão em nosso cotidiano. Uma relação familiar em que o perdão é praticado de forma genuína, resulta em indivíduos que compreendem a verdadeira essência do amor, da amizade e de um convívio harmonioso. Que esse caminho de reconciliação e aprendizado se reflita na vida de cada um, espalhando a mensagem de que perdoar é viver em liberdade.

CAPÍTULO 9

CONFIANDO NA PROVIDÊNCIA DE DEUS: ENFRENTANDO DESAFIOS

A vida é permeada por desafios que, muitas vezes, parecem insuperáveis. Nesses momentos críticos, a capacidade de confiar na providência divina é uma âncora e um lembrete de que não estamos sozinhos na batalha. É na adversidade que a nossa fé é testada, revelando a profundidade de nossa confiança em Deus. Essa confiança é crucial não apenas para nossa paz interior, mas também para o fortalecimento dos laços familiares, que podem ser colocados à prova quando os ventos das dificuldades sopram forte.

Confiar em Deus significa acreditar que Ele tem um plano, mesmo quando as circunstâncias parecem caóticas. As Escrituras estão repletas de promessas que nos asseguram o Seu cuidado e orientação. Podemos encontrar consolo em passagens como Jeremias 29:11, que nos recorda que os planos de Deus para nós são de paz e não de mal, para nos dar um futuro e uma esperança. Essa mensagem deve ser um farol em meio às tempestades da vida, inspirando não apenas a nós, mas também a nossos filhos a confiar que, independentemente da situação, tudo coopera para o bem daqueles que amam a Deus.

Histórias bíblicas frequentemente nos ensinam sobre o poder da fé em meio à provação. Vejamos Jó, que enfrentou perdas devastadoras e fragilidades inimagináveis. Sua história é um testemunho poderoso de resiliência sob pressão. Jó não compreendia os motivos de seus sofrimentos, mas sua determinação de manter a fé em Deus foi um testemunho de confiança. Ao final, Deus restaurou tudo o que havia sido perdido, mostrando que a fidelidade, mesmo em tempos de dor, é um ato de coragem que ressoa a partir das gerações.

Moisés também é um exemplo emblemático, guiando o povo de Israel pelo deserto em direção à Terra Prometida. Ele ficou à frente de enormes desafios – a resistência do faraó, as queixas da própria nação e os perigos do deserto. Mas sua confiança em Deus trouxe a libertação da opressão e a formação de um novo povo. Essa relação de confiança construída entre Moisés e Deus é um modelo a ser seguido, ensinando-nos que, mesmo quando nos sentimos perdidos, temos um Deus que nos guia.

Portanto, confiar na providência de Deus não é apenas uma declaração de fé, mas uma atitude que deve se refletir em nossas ações diárias. Ensinar os nossos filhos a orar e a buscar a orientação de Deus em momentos de dificuldade é um presente valioso que os acompanhará por toda a vida. A oração se torna uma prática que nos une como família, promovendo um espaço de diálogo em que expressamos nossos medos, anseios e esperanças diante de Deus.

Incorporar a oração como uma ferramenta diária pode ser transformador. Podemos utilizar as refeições como um momento de gratidão ou reservar um tempo ao fim do dia para refletir sobre os eventos que ocorreram, agradecendo a Deus por Sua proteção e guiando nossos próximos passos com base na confiança mútua. Essa prática não apenas fortalece nossa fé, mas também as relações familiares, preparando nossos filhos para enfrentar desafios futuros sobre uma base espiritual sólida.

Ao desbravarmos o caminho da fé e da confiança em Deus, imprimimos em nossos lares uma cultura de transição e superação. Confiemos que, ao lado d'Ele, cada desafio é uma oportunidade para aprender, crescer e, principalmente, fortalecer os laços familiares que sustentam a vida. Assim, construímos um futuro em que a providência divina é um guia constante, iluminando nossas jornadas e mostrando que, após a tempestade, sempre há uma aurora à espera.

Essa caminhada de confiança é crucial, pois nos revolta a um chamado profundo e constante: enfrentar os desafios com destemor, sabendo que ao nosso lado temos, não apenas uns aos outros, mas um Deus que cuida de cada detalhe da nossa existência. E assim seguimos, não apenas como indivíduos, mas também como uma unidade familiar que busca na providência divina a força necessária para encarar o que vier pela frente.

A prática da oração emerge como uma ferramenta vital na construção da confiança em Deus durante os desafios da vida. Quando envolvemos nossos filhos no hábito de orar, não apenas expressamos nossa fé, mas também lhes ensinamos a transformar suas ansiedades em esperança. Escrever sobre o poder da oração é não apenas trazer conforto, mas também estruturar um diálogo que flui entre as gerações.

Ao término de um dia agitado, quando as vozes diminuem e o mundo lá fora se aquieta, é um momento perfeito para introduzir a oração em família. Ao reunir todos em volta da mesa ou em um espaço acolhedor, a atmosfera se transforma. A oração não é apenas um ato; é um convite à reflexão, à gratidão e à comunhão. Podemos começar com algo simples: "Vamos falar com Deus sobre o nosso dia?". Essa abordagem não apenas válida as emoções das crianças, mas também as encoraja a verbalizar suas alegrias e desafios.

Seguindo por esse caminho, é interessante compartilhar orações em situações específicas, como dificuldades na escola ou problemas com amigos. Uma oração para um teste difícil pode, por exemplo, criar uma ponte entre a ansiedade e a confiança. Dizendo algo como: "Querido Deus, me ajude a lembrar de tudo que estudei e a ter calma. Obrigado por estar sempre comigo", promovendo uma fortaleza emocional.

As refeições, por sua vez, podem ser o cerne da prática de oração em família. Seja no café da manhã ou no jantar, dedicar um tempo para agradecer pela comida e pelas bênçãos do dia encoraja uma cultura de gratidão. Ao pronunciar agradecimentos, ensinamos nossos filhos a reconhecerem o que é bom, mesmo entre as lutas.

Utilizar momentos antes de dormir é outra oportunidade poderosa. Quando a rotina noturna se encerra, as crianças estão mais abertas e receptivas. Ler uma passagem bíblica seguida de uma oração pode criar um espaço agradável de conexão familiar. Assim, as crianças aprendem que a fé não é uma obrigação, mas uma escolha doce e voluntária.

Integrar a oração na rotina diária da família, como já mencionado, fornece o suporte de que precisamos. Por exemplo, é possível começar com um diário de oração compartilhado, no qual cada membro da família escreve ou desenha algo pelo qual está grato ou que quer colocar sob a proteção de Deus. Esse exercício não apenas aproxima, mas também faz com que cada um reflita sobre suas relações e esperanças.

Todo esse processo caminha em direção a um mesmo objetivo: ensinar aos nossos filhos que confiar em Deus é um ato ativo, um comprometimento que exige prática e paciência. Quando modelamos essa atitude, mostramos que os desafios da vida não são para serem encarados sozinhos, mas são partes de uma jornada em que a ajuda divina é sempre uma realidade à qual podemos recorrer.

Finalizando este bloco, podemos afirmar que essa união em oração não só traz paz em tempos de tribulação, mas também fortalece os laços familiares. Nessa dinâmica, os filhos assimilam que, assim como oramos e confiamos no plano de Deus, o mesmo se aplicará às suas empreitadas futuras. Ao darmos voz a essa prática, criamos espaço para um relacionamento vivificante com a Providência, em que cada um é convidado a participar ativamente da construção de um legado de fé e esperança.

Histórias de superação são faróis de esperança e coragem que iluminam o caminho em meio à escuridão. Elas nos lembram que, mesmo nas circunstâncias mais desafiadoras, a fé pode prevalecer e a providência divina se manifestar. Ao longo da vida, encontramos muitas narrativas inspiradoras que exemplificam essa verdade.

Considere a jovem Ana, que vivia em uma pequena cidade, cercada por dificuldades financeiras e tensões familiares. Desde a infância, a expectativa era que ela repetisse o mesmo ciclo de limitações que sua família enfrentava. No entanto, Ana sempre teve um sonho: ela queria ser médica e ajudar os outros. Para tornar esse sonho uma realidade, ela trabalhou duro e estudou cada noite depois de longos dias de trabalho em um emprego de meio período para ajudar em casa.

Em um dia particularmente difícil, Ana teve uma crise de insegurança e pensou em desistir. Com o coração pesado, ela decidiu procurar inspiração nas Escrituras. Encontrou um versículo que ecoou em sua alma: "Entrega o teu caminho ao Senhor; confia nele, e ele tudo fará". Ela não apenas leu essas palavras, mas as internalizou. Ah, como aquele versículo aquecia seu coração!

Com renovada determinação, Ana pediu aos seus pais apoio para se inscrever em um curso pré-universitário. Contra todas as probabilidades, ela conseguiu uma bolsa de estudos. Os meses seguintes foram repletos de desafios. A falta de recursos e as exigências do curso muitas vezes pareciam desabar sobre seus ombros. Mas, para cada obstáculo, Ana buscou a força na oração. Em cada lágrima derramada, ela aprendeu a confiar mais na providência de Deus.

Ao finalizar o curso, Ana foi aceita em uma faculdade de Medicina. Durante sua formação, sempre se lembrou de seus momentos de dúvida e da força que encontrou mediante a oração. Ela completou a graduação e, finalmente, se tornou médica. Agora, Ana não apenas realiza seu sonho, mas também inspira centenas de jovens que enfrentam situações semelhantes à que ela enfrentou.

Sua história não é apenas sobre sucesso pessoal; é uma demonstração clara de como a fé pode mover montanhas. Ana ensina a todos ao seu redor que confiar em Deus, especialmente em tempos difíceis, é a chave para abraçar oportunidades e superações.

E assim, somos convidados a refletir: que lições podemos extrair de histórias como a de Ana? Cada um de nós, em algum momento, já se viu à beira da desistência. Mas precisamos lembrar que a confiança na providência divina é um dos maiores recursos que temos. Encorajo vocês, assim como faço nas conversas em família, a discutirem em casa sobre como a fé impactou suas jornadas e a abrirem espaço para que cada membro compartilhe suas superações.

Desenvolver essa prática em família não só apoiará o fortalecimento mútuo, mas também consolidará a confiança de cada um em Deus. As experiências que contamos moldam não apenas a nossa memória, mas também os valores que passamos para as próximas gerações. O que nos une são essas histórias de superação e de fé, tecendo um legado que, além de mudar vidas, constrói laços de amor e esperança entre família e amigos.

Assim, ao encerrarmos este bloco sobre a confiança e as histórias de superação, que possamos estar sempre abertos a ouvir, contar e aprender com as narrações que a vida nos traz. A prova de que a providência divina atua não está apenas em cada vitória, mas também nas jornadas que presenciamos ao longo do caminho. Que a fé seja o alicerce em cada desafio enfrentado e a luz nas futuras trilhas que decidirmos seguir.

A confiança em Deus não é uma simples crença; é um estilo de vida que deve ser incorporado nas práticas diárias, especialmente quando se trata de educar nossos filhos. Para garantir que essa confiança, bem enraizada, frutifique em suas vidas, os pais precisam moldar comportamentos e hábitos que ajudem as crianças a desenvolverem uma relação íntima e autêntica com Deus. Vamos explorar algumas abordagens práticas que podem ser implementadas no dia a dia familiar.

Primeiramente, é essencial cultivar um espaço em que a discussão sobre fé se torne natural e acessível. Esse ambiente deve ser caracterizado pela abertura, em que cada membro da família se sinta seguro para expressar suas dúvidas, preocupações e experiências espirituais sem receio de julgamento. Ao realizarmos encontros familiares, seja à mesa durante o jantar ou em momentos de lazer, podemos iniciar conversas agradáveis sobre o papel da fé em nossas vidas, compartilhando experiências e fortalecendo a confiança na providência divina.

Outra abordagem valiosa é a realização de devocionais familiares. Um momento desenhado para incluir leitura de Escrituras, reflexões e oração é uma oportunidade perfeita para todos se conectarem. Pais e filhos, juntos, podem explorar as Escrituras e discutir como essas lições se aplicam em suas histórias. Por exemplo, ao lerem sobre as batalhas enfrentadas por personagens bíblicos, como Davi e Golias, eles podem refletir sobre os desafios da vida real e encontrar coragem e fortalecer sua fé na providência de Deus.

Na prática, também é vital modelar a confiança em Deus por meio das ações cotidianas. As crianças aprendem observando seus pais; por isso, transmitir a ideia de que confiar em Deus é um ponto de partida para decisões importantes pode ser profundamente impactante. Momentos de incerteza, como mudanças de emprego ou mudanças na vida familiar, podem ser usados como oportunidades para demonstrar a dependência de Deus na orientação de suas vidas. Por exemplo, antes de qualquer mudança significativa, reunir a família, buscar orientação divina em oração e discutir os próximos passos pode solidificar esse ensinamento.

Estamos sempre suscetíveis a desafios, mas a vida em família proporciona um cenário ideal para ensinamentos que visam a formação de valores sólidos em nossos filhos. Em momentos de crise, a forma como reagimos se torna não apenas um reflexo da nossa própria fé, mas também um guia para as crianças. Isso implica ensiná-los a ver os desafios como oportunidades de crescimento, nas quais a confiança em Deus é o pilar que mantém as estruturas da família firmes e resistentes.

Preparar nossos filhos para problemas e desilusões não implica em transmitir um medo do desconhecido, mas, sim, encorajá-los a enfrentarem as dificuldades com fé e coragem. É nesse espaço que podemos falar sobre a resiliência; histórias de figuras que superaram adversidades por meio da confiança e da oração devem ser compartilhadas em família. Quanto mais os pais falarem sobre superação, mais as crianças também farão conexão com a ideia de que a providência divina as ajudará em suas próprias jornadas.

Além de tudo isso, deve-se cultivar uma prática constante de gratidão em família. Diariamente, reserve um momento para agradecer pelas bênçãos, pelo cuidado e, em especial, por Deus estar presente nas dúvidas e dificuldades enfrentadas. Tornar a gratidão uma prática anuncia que, mesmo em tempos de adversidade, sempre há motivos para celebrar os bons momentos, reforçando a ideia de que a providência divina está em ação, mesmo quando não conseguimos ver.

Assim, ao construirmos um legado de confiança em Deus na vida de nossos filhos, estamos não apenas transferindo uma crença, mas, principalmente, oferecendo ferramentas para que possam enfrentar a vida armados de fé, esperança e resiliência. Que a providência divina guie cada um de nós, tornando nossa jornada mais rica e cheia de significado, iluminada pela luz da confiança na bondade e sabedoria de Deus.

CAPÍTULO 10

VIVENDO EM COMUNIDADE: A IMPORTÂNCIA DA IGREJA NA EDUCAÇÃO

A vida em comunidade é um aspecto essencial que molda a formação de crianças. Desde os tempos bíblicos, a importância de viver em grupo, compartilhar experiências e aprender uns com os outros é ressaltada nas Escrituras. A igreja se apresenta como o palco em que essa dinâmica se desdobra, promovendo ensinamentos que além de fortalecer a relação com Deus, também fortalecem laços interpessoais.

Consideremos a função da igreja não apenas como um local de adoração, mas como uma verdadeira família espiritual. Neste ambiente, encontramos apoio emocional e incentivos para crescer espiritualmente. Quando as crianças estão imersas nessa atmosfera de fé e amor, elas aprendem não apenas sobre o amor de Deus, mas também sobre as relações humanas fundamentais, como amizade, companheirismo e solidariedade.

Versículos fundamentais, como Hebreus 10:25, nos exortam a não deixar de nos reunir, pois em nossas reuniões reside a força da comunhão. Atos 2:42 ressalta ainda mais essa ideia, lembrando-nos que os primeiros cristãos se dedicavam ao ensino, à comunhão, ao partir do pão e às orações. Isso mostra que a verdadeira educação dos filhos vai muito além de saberes acadêmicos; ela se fundamenta na vivência da fé em comunidade e na partilha do conhecimento e das experiências de vida.

Pensem em uma criança que participa de atividades na igreja. Em vez de simplesmente ouvir sobre o amor ao próximo, ela pratica diariamente esse amor ao se envolver em projetos sociais, ajudar os necessitados ou simplesmente compartilhar um sorriso com aqueles que se sentam ao seu lado. Essas experiências fortalecem em seu coração e mente os valores cristãos de forma prática e efetiva, transformando lições em vivências significativas.

Ao refletir sobre a fruição na igreja, se faz evidente que o convívio com outros irmãos na fé proporciona uma imersão em um ambiente positivo, voltado para o crescimento pessoal e coletivo. Essa vivência enriquece a vida das crianças, moldando suas identidades e contribuindo para o caráter que levarão para o futuro. Quantas histórias vemos em nossas comunidades de jovens que cresceram e se tornaram líderes, pregadores e servos dedicados, tudo isso influenciado positivamente pelo ambiente da fé?

A importância da convivência entre famílias na igreja é um reflexo do amor que podemos cultivar entre nós. Quando interagimos com outras famílias, oferecemos aos nossos filhos e a nós mesmos um vasto leque de aprendizados e vivências. Um evento comunitário, por exemplo, pode ensinar sobre a importância da unidade, do respeito e da colaboração. Ou talvez, um retiro espiritual possa ser a oportunidade perfeita para fortalecer laços e permitir que as crianças e os adultos sintam o poder da oração em conjunto.

Assim, ao incorporarmos a vida em comunidade na educação de nossos filhos, estamos preparando-os para um mundo que demanda não apenas conhecimento, mas também empatia e amor. Que possamos sempre lembrar que a igreja, enquanto comunidade de fé, é um lugar em que a educação vai muito além do conteúdo, se estendendo ao coração e à formação do caráter de nossos pequenos.

O ensinamento de valores cristãos na igreja é uma experiência que vai muito além das palavras. Ao participar de atividades e convívios, as crianças são expostas a lições práticas que moldam seus caráteres e os prepara para a vida. Projetos em grupo, como as aulas na escola dominical, promovem a discussão de passagens bíblicas, superando a teoria e transformando a mensagem em ações concretas, que se refletem nas atitudes dos pequenos.

Além disso, as histórias da Bíblia servem como guias para a formação de valores. Personagens como Ruth, que demonstrou lealdade e amor à sua sogra, e Elias, que enfrentou grandes desafios com coragem, podem ser exemplos que as crianças assimilam e que influenciam suas decisões no dia a dia. Essas narrativas não são apenas histórias do passado; elas se tornam referências vivas, que podem inspirar as salas de aula da igreja com experiências reais e palpáveis.

A participação da criança em programas e eventos da igreja, como acampamentos e ações sociais, proporciona oportunidades valiosas para praticar o amor ao próximo. Ao se engajar em atividades que ajudam os mais necessitados, as crianças aprendem empatia, compaixão e a importância de se colocar no lugar do outro. Assim, os valores cristãos se tornam pilares no desenvolvimento de sua ética e moralidade.

A experiência comunitária é essencial, pois ensina sobre o serviço e a generosidade. Ao lado de seus irmãos na fé, os pequenos não apenas escutam sobre o que significa servir, mas vivenciam isso. Durante um evento de arrecadação de alimentos ou roupas, eles entendem que cada pequena ação conta e que a união faz a força. Essas lições se solidificam não apenas em sua compreensão do amor cristão, mas também em sua capacidade de se tornarem cidadãos conscientes, que buscam um mundo melhor.

Além disso, a igreja oferece um espaço de segurança e apoio emocional. As crianças aprendem a confiar em Deus e em seus novos amigos, formando laços que se estendem além das atividades religiosas. A interação com outras crianças de fé cria um senso de pertencimento, mostrando que elas não estão sozinhas em suas dificuldades e que têm um grupo a quem recorrer. Esse aspecto é fundamental para a saúde emocional delas.

Quando pensamos em como os pais podem integrar os ensinamentos da igreja no cotidiano, surge a importância de continuar a conversa em casa. Conversar sobre a mensagem das histórias bíblicas e sobre o que aprenderam durante a participação em eventos da igreja proporciona reflexões profundas e conexões mais fortes. Incentivar nossos filhos a expressarem suas opiniões e sentimentos sobre o que vivenciam na comunidade cristã solidifica o aprendizado e os ajuda a internalizar os valores adotados.

Com isso, fica claro que a educação na fé não é um ato isolado, mas um esforço contínuo que se expande na prática diária. Os ensinamentos da igreja, quando transpostos para o lar, contribuem para que nossos filhos desenvolvam uma vida rica em propósito, amor e fé. Esses são os alicerces que podem ajudá-los a enfrentar os desafios do mundo moderno, sempre munidos da esperança e da bondade que a comunidade de fé proporciona.

Assim, a igreja se torna um componente essencial na formação dos jovens, moldando não apenas suas vidas espirituais, mas preparando-os para se tornarem adultos com valores sólidos, que poderão perpetuar em suas futuras famílias e comunidades. Que possamos, como família, abraçar essa jornada juntos, sempre em busca de ensinar e aprender com a obra de Deus em nossa história.

A convivência com outras famílias da igreja desempenha um papel crucial na formação das crianças, moldando suas identidades e valores de formas que vão muito além do espaço físico ocupado. É aí que elas começam a compreender o verdadeiro significado de comunidade e união.

Na dinâmica do dia a dia, participar ativamente de eventos sociais e espirituais se torna uma excelente oportunidade para fortalecer laços pessoais. Cultos conjuntos, festivais de inverno ou encontros de oração são momentos que não apenas aproximam as famílias, mas também oferecem às crianças experiências valiosas de aprendizagem e amizade. Durante um piquenique da igreja, por exemplo, as crianças têm a chance de interagir com outras, aprendendo sobre a importância da colaboração e respeito mútuo desde a tenra idade.

Esses eventos criam um clima de alegria e festa, em que a partilha se torna um dos principais pilares. Uma simples tarde de lazer pode ser transformada em uma grande lição, repleta de risadas e aprendizados sobre empatia e a beleza da diversidade. Quando uma criança faz amizade com um colega de outro contexto, seu entendimento sobre amor e aceitação se expande, promovendo um senso de pertencimento que a levará muito longe em sua formação.

Os retiros espirituais são outra forma poderosa de fortalecer esses laços. Envolver-se em uma experiência que permita a cada um mergulhar mais fundo na fé é uma oportunidade única de refletir sobre as próprias vidas enquanto testemunham a vivência de outros. Esses momentos em que nos afastamos da rotina diária ajudam as crianças a perceberem que existe um papel maior em suas vidas, que não se limita apenas ao que acontece em casa ou na escola. É uma chance de entender que a fé não é um ato isolado, mas um movimento coletivo, no qual cada um desempenha sua parte no corpo de Cristo.

Ao desenvolvermos um senso de pertencimento nas crianças, incentivamos a criação de uma base sólida. Sugestões práticas para que os pais ajudem seus filhos a se sentirem parte integrante da comunidade podem incluir: incentivar suas crianças a convidar amigos da igreja para atividades em casa, ou se envolver em projetos de serviço comunitário juntos, contribuindo para o bem-estar de outros. Isso não só solidifica a amizade, mas também ensina a importância de desenvolver uma visão altruísta e ativa da vida.

Crianças que se sentem parte de um grupo são mais propensas a se engajarem em suas comunidades no futuro e a desenvolverem um forte sentido de responsabilidade social. Ensinar-lhes desde cedo que devem estar atentos às necessidades dos outros é um valor que se reflete em suas ações e decisões ao longo da vida. Elas aprendem a olhar para além de si mesmas, cultivando um coração generoso e uma mente aberta.

Assim, ao refletirmos sobre a convivência com outras famílias na igreja, notamos que o impacto dessa experiência vai muito além do presente imediato. Fomos chamados a construir relacionamentos que moldarão o futuro não apenas de nossos filhos, mas da própria comunidade. Em meio a um mundo repleto de desafios, a interação com outras famílias cristãs se torna um refúgio de esperança, em que as sementes do amor, da fé e da amizade são plantadas e florescem em força inabalável.

Por fim, crescemos juntos, perseverando em cada jornada, caminhando não apenas ligados às nossas famílias, mas também unidos a uma comunidade mais ampla. Que possamos sempre incentivar nossos filhos a abraçarem essa oportunidade com alegria, empatia e gratidão, tornando-se pilares de amor e de amizade em qualquer lugar onde estiverem.

Integrar a vivência da igreja na rotina diária da família é uma das formas mais efetivas de reforçar os valores cristãos que desejamos ensinar aos nossos filhos. Com isso, fica claro que o conhecimento e a espiritualidade cultivados na comunidade podem e devem ser levados para o ambiente familiar, guiando todos os participantes na jornada da fé.

Uma prática muito aconselhável é a realização de devocionais familiares. Esses momentos integram a leitura de passagens bíblicas com orações em conjunto, permitindo que todos compartilhem suas reflexões. Por exemplo, ao escolher um versículo para ser discutido, é possível relacionar os ensinamentos à vida cotidiana, instigando as crianças a trazer suas experiências e questionamentos. Isso não só solidifica o aprendizado, como também as encoraja a desenvolver uma comunicação honesta sobre suas emoções e vivências.

Outra forma de integrar os ensinamentos da igreja em casa é promovendo a gratidão. Um espaço dedicado para que cada um possa anotar ou desenhar algo pelo que é grato ajuda na construção de uma mentalidade positiva, baseada no agradecimento. Criar um mural da gratidão pode ser uma atividade divertida e inspiradora, que envolva todos os membros da família e reforce a importância do reconhecimento das bênçãos diárias, além de nos conectar mais proximamente à providência divina.

Além disso, os pais podem usar momentos específicos, como o jantar, para discutir as lições aprendidas na igreja. Compartilhar as alegrias e os desafios enfrentados, bem como a forma como as soluções foram inspiradas na fé, ajuda as crianças a entender que a vida à luz da palavra de Deus não se resume a um ambiente religioso, mas permeia cada aspecto da vida diária. Trabalhar em conjunto para ajudar em ações sociais é outra prática que fortalece esses laços, pois não apenas envolve os filhos em práticas filantrópicas, mas também lhes ensina a importância do serviço ao próximo.

Outro ponto crucial é preparar as crianças para compreender o mundo ao seu redor, enquanto se firmam em seus valores. Ao expô-las a histórias contemporâneas e relatos de vida que refletem ensinamentos cristãos, como a importância da generosidade e da empatia, elas aprendem a aplicar esses princípios em suas próprias vidas. Além disso, encorajar uma discussão sobre como a fé se relaciona com questões sociais e desafios modernos pode ajudar a estabelecer uma base espiritual sólida.

Em suma, a integração da vida da igreja no cotidiano familiar é mais do que meramente discutir a fé; trata-se de um estilo de vida que se reflete em cada ato, decisão e no relacionamento entre os membros da família. Os momentos celebrativos, assim como os de reflexão, geram um ambiente em que a espiritualidade é constantemente vivida e experimentada, criando um pano de fundo para que as crianças, ao crescerem, voltem-se para essa base sempre que enfrentarem desafios ou celebrarem conquistas. Exemplificando a fé no dia a dia, preparamo-los para se tornarem adultos íntegros, que, na adolescência, continuarão a buscar a vontade de Deus para suas vidas, tornando-se, assim, mais do que seguidores, mas protagonistas de suas histórias sob a luz da fé.

CAPÍTULO 11

PREPARANDO-OS PARA O FUTURO: FOCO E PERSEVERANÇA

A importância da determinação

A determinação é uma força poderosa que molda não apenas as escolhas de uma pessoa, mas também o destino de suas realizações. Nos momentos de dificuldade, é a determinação que impulsiona as crianças a superar barreiras e a perseverar na busca de seus sonhos. A Bíblia nos traz inúmeras lições sobre a importância da perseverança e do esforço. Em Filipenses 3:14, por exemplo, somos convidados a "prosseguir para o alvo, pelo prêmio da vocação celestial de Deus em Cristo Jesus". Esse versículo, com sua energia contagiante, ressoa fortemente em nossa prática cotidiana, incentivando-nos a manter o foco em nossos objetivos e a não desistir diante das adversidades.

Consideremos as histórias de grandes figuras bíblicas, como Moisés e Davi, que nos mostram como a determinação pode levar à conquista de grandes feitos. Moisés não apenas guiou o povo de Israel a partir do deserto, mas também manteve sua fé inabalável em Deus, mesmo diante de dificuldades imensas. Davi, ao enfrentar Golias, exemplificou a coragem que vem do foco na verdadeira missão, desafiando as probabilidades e, por fim, alcançando a vitória. Esses personagens não são apenas figuras históricas; são modelos inspiradores de como a determinação e o propósito claro podem levar ao sucesso, mesmo diante das mais difíceis circunstâncias.

Falar sobre determinação é também refletir sobre o que significa ter um propósito claro na vida. Para nossos filhos, entender a importância de um objetivo definido é essencial. Isso não se limita apenas a metas acadêmicas, mas se estende a todas as áreas de suas vidas. Quando as crianças compreendem que suas ações têm consequências diretas na realização de seus sonhos, aprendem a se comprometer e a trabalhar arduamente em busca daquilo que desejam. Essa é uma lição vital que moldará não apenas seu caráter, mas também seu modo de agir no futuro.

Ao cultivarmos um ambiente familiar que valoriza a determinação e a perseverança, estamos plantando sementes que florescerão em suas vidas. E que sementes são essas? São as pequenas vitórias diárias, o encorajamento em face das dificuldades, e, especialmente, a prática de uma comunicação aberta, em que as emoções podem ser expressas livremente. Quando as crianças sentem que têm o apoio incondicional dos pais, tornam-se mais resilientes para enfrentar os desafios que a vida lhes impõe.

Portanto, ao caminharmos juntos nessa jornada de ensino e aprendizado, que possamos sempre lembrar que a determinação, aliada à fé e ao amor, fornece a base sólida sobre a qual nossos filhos construirão suas vidas. Esse comprometimento de longo prazo é aquilo que, de fato, os preparará para um futuro cheio de conquistas, desafios e, acima de tudo, realizações significativas. Que continuemos a inspirá-los a nunca desistir, a sempre buscar o que há de mais alto e significativo em suas vidas, confiantes de que cada passo dado em direção à meta é um passo em direção ao propósito que Deus tem para cada um deles.

Definir metas claras e direcionadas é um passo essencial para orientar nossos filhos em sua jornada de crescimento e aprendizado. O primeiro passo é conversar abertamente com as crianças sobre o que significa ter um objetivo e como isso pode ser incorporado em suas rotinas diárias. A Bíblia, por meio de provérbios e ensinamentos, destaca o valor da intenção e do propósito em nossas ações. Provérbios 16:3 nos convida a confiar nossos planos ao Senhor, permitindo que Ele guie nossas decisões e mostrando como a fé pode ser uma aliada poderosa na busca por nossos objetivos, junto com a dedicação pessoal.

Uma abordagem prática para ajudar as crianças a traçar metas é ensiná-las a dividir grandes objetivos em pequenas etapas mais fáceis de gerenciar. Podemos, por exemplo, criar um quadro de metas familiar, no qual todos, inclusive os pequenos, escrevam seus objetivos individuais e coletivos. Se uma criança quiser melhorar o desempenho escolar, podemos transformar esse objetivo em ações práticas, como estabelecer um horário fixo para estudar, buscar apoio de colegas ou professores nas matérias mais difíceis e criar um cronograma de revisões. Esse processo não só torna o objetivo mais acessível, mas também ensina a importância da persistência e da organização.

Criar atividades que envolvam a participação de todos os membros da família torna o processo mais integrador e divertido. Um exemplo prático é investir em um dia de "metas familiares", em que todos compartilham suas aspirações, os desafios que podem encontrar e as estratégias para superá-los. Esse intercâmbio não apenas solidifica os vínculos, mas também encoraja um ambiente em que todos se sentem apoiados e motivados a alcançar suas metas.

Celebrar pequenos progressos é uma parte vital dessa jornada. Cada passo dado em direção ao objetivo deve ser celebrado, por menor que seja. Isso não só reforça a autoestima das crianças, mas também promove um sentimento de realização. Consideremos um exemplo: se uma criança foi capaz de estudar por uma semana inteira regularmente, que tal organizar uma pequena celebração? Um lanche saboroso ou uma tarde com um filme pode significar muito. Essa prática ensina às crianças que cada sucesso, não importa o tamanho, vale a pena e deve ser reconhecido.

Além de todas essas estratégias, a importância de criar um espaço de segurança emocional não pode ser subestimada. Os filhos precisam saber que podem compartilhar suas frustrações sem medo de julgamento. Se, ao longo do caminho, houve momentos em que as metas não forem atingidas, isso deve ser visto como uma oportunidade para aprendizado e reflexão, e não um momento de desânimo. Assim como ensinamos com Provérbios 24:16: "Pois sete vezes cairá o justo e se levantará; mas os ímpios são derrubados pela calamidade". Esse versículo pode se tornar um mantra em nossa família, enfatizando que se levantar após a queda é parte do processo de sucesso.

Ao darmos suporte e orientarmos nossos filhos na definição de metas e no foco, nós, como pais, estamos contribuindo para que eles desenvolvam não apenas a habilidade de correr atrás de seus sonhos, mas também a criação de uma mentalidade resiliente, impulsionada pela fé. Estar presente nessa jornada é um grande presente; isso os prepara para se tornarem indivíduos decididos e inspirados, prontos para enfrentar os desafios da vida com coragem e perseverança. Que possamos sempre acompanhá-los, apoiando seus sonhos e ensinando-os que cada passo na direção certa é um testemunho da graça de Deus em suas vidas.

Enfrentar desafios e fracassos é um dos aspectos mais essenciais na formação do caráter e da resiliência das crianças.

Assim, ao falarmos sobre lidar com dificuldades, é vital que transmitamos a elas que suas experiências de frustração e tristeza não são o fim do caminho, mas, sim, oportunidades valiosas para crescer e aprender. Na vida, é normal cair e se levantar, e a Palavra de Deus nos ensina exatamente isso. Como nos diz Provérbios 24:16: "Pois sete vezes cairá o justo e se levantará". Esse versículo não é apenas um lembrete, mas uma promessa de que, mesmo nas piores tempestades, a perseverança será recompensada.

Quando nossos filhos enfrentam um desafio, devemos acolhê-los com amor e empatia, escutando suas preocupações com atenção. Isso não apenas fortalece nossos vínculos, mas também estabelece um espaço seguro para que eles possam explorar seus sentimentos. Uma criança que se sente confortável em compartilhar suas frustrações está mais propensa a refletir sobre suas experiências e desenvolver a resiliência necessária para seguir em frente. Por exemplo, se a criança não conseguir fazer uma apresentação na escola devido a um bloqueio emocional, incentivá-la a falar sobre essa experiência e a identificá-la como uma oportunidade de aprendizado pode ser transformador.

Histórias inspiradoras de pessoas que superaram grandes desafios são poderosas ferramentas de aprendizado. Pensemos na trajetória de líderes que enfrentaram adversidades significativas. Citar figuras como Nelson Mandela ou Helen Keller, que venceram barreiras quase intransponíveis, pode inspirar as crianças a verem seus desafios como degraus para o sucesso. Além disso, histórias bíblicas, como a de Jó, que, apesar de suas angústias e perdas, nunca perdeu a fé, mostram que o sofrimento pode ser uma parte do processo de crescimento.

Criar um espaço acolhedor para diálogos francos dentro de casa é fundamental para o desenvolvimento emocional dos filhos. Quando eles percebem que podem expressar suas frustrações sem o medo de serem criticados, ganham mais confiança para encarar os desafios do dia a dia. Conversas descontraídas durante as refeições ou antes de dormir são ótimas oportunidades para incentivar essa troca. O lar deve ser visto como um refúgio seguro, onde sentimentos são ouvidos e respeitados, especialmente em tempos difíceis.

Além disso, é vital reconhecer e valorizar as pequenas conquistas no cotidiano. Ajudar os nossos filhos a se reerguerem após tropeços é importante, mas tão essencial quanto isso é celebrar cada passo dado em direção ao crescimento. Um abraço caloroso, uma palavra de incentivo ou até mesmo um simples "estou orgulhoso de você" pode ter um impacto profundo. Reforçar essas vitórias diárias mostra que o esforço e a dedicação têm valor por si sós, independentemente do resultado final.

Ao reforçar a ideia de que as dificuldades são parte da vida e que aprender a lidar com elas é essencial para o crescimento individual, os pais preparam seus filhos para os inevitáveis desafios que encontrarão ao longo do caminho. Assim, enquanto caminhamos juntos no ensino da resiliência, que possamos sempre lembrar que cada experiência é uma oportunidade à luz da graça de Deus, um lembrete de que, independentemente do que ocorra, sempre encontraremos forças para nos levantar e seguir em frente.

A conexão entre foco, fé e sucesso é uma lição que devemos ensinar a nossos filhos desde muito cedo. Em um mundo cheio de distrações e incertezas, é essencial que eles aprendam a encontrar na fé uma âncora que os mantenha firmes, mesmo nas tempestades da vida. Quando falamos em fé, não estamos nos limitando apenas a crenças religiosas, mas a uma confiança profunda em algo maior, que os guiará por meio dos desafios.

Lembramos de histórias bíblicas, como a de Noé, que, movido pela fé, construiu a arca mesmo quando todos ao seu redor riam dele. Essa narrativa transmite que o caminho para o sucesso muitas vezes exige fenômenos que podem parecer absurdos para os outros, mas que são planos divinos cujos frutos só surgem com paciência e perseverança. Ensinar essa lição ajuda nossos filhos a entender que muitos dos desafios que enfrentamos podem ser mitigados pela fé, desde que mantenhamos nossos olhos fixos nessa certeza.

Além disso, a disciplina é uma característica que deve ser desenvolvida ao lado da fé. Ao combinarmos a determinação de alcançar os objetivos com uma base sólida de espiritualidade, criamos condições ideais para o desenvolvimento pessoal. A vida de Jesus é um testemunho poderoso disso: Ele dedicou sua vida ao cumprimento de um propósito, enfrentando testes e desafios, mas sempre com um foco claro em sua missão. Essa é uma narrativa que devemos espalhar dentro de nossas casas: poderemos enfrentar adversidades, mas a diferença estará na maneira como as encaramos.

Incentive-os a escrever seus objetivos e orações em um diário, criando reflexões que possam revisitar sempre que precisarem reorientar suas forças. Para apoiar nossos filhos na conquista de seus sonhos, é essencial orientá-los sobre a importância de três pilares fundamentais: foco, fé e disciplina. Incorporar essas conversas no dia a dia da família fortalece um ambiente de encorajamento e suporte, em que todos se sentem motivados a perseguir seus objetivos com determinação e confiança.

Ao final deste capítulo, desafiamos todos a refletirem sobre como a conexão entre fé e perseverança pode ser uma força motivadora em suas vidas. Nunca devemos subestimar o poder da oração e do apoio emocional em momentos de dificuldade. Que nossos lares sejam verdadeiros semeadores de fé e motivação, em que nossos filhos aprendam a se levantar após uma queda, a ver oportunidades onde muitos veem barreiras e a perseguir seus sonhos com coragem, guardando sempre a fé no coração.

Chegamos ao final do capítulo reforçando que o sucesso é um esforço coletivo e que pais e filhos caminham juntos sob a luz da espiritualidade e dos ensinamentos que nos são tão caros. Ao fortalecermos esses laços por meio da comunhão e da conversa constante sobre nossas jornadas, preparamos nossos filhos para um futuro de realizações e vitórias, sempre ligados à fé e aos valores que os guiarão neste mundo.

CAPÍTULO 12

CONCLUSÃO:
O LEGADO QUE DEIXAMOS

À medida que concluímos esta jornada, é fundamental refletir sobre o legado que estamos construindo para nossos filhos. O que realmente desejamos transmitir a eles? Os ensinamentos, valores e experiências que podemos oferecer moldam não só o presente, mas também o futuro deles. Assim como Abraão transmitiu a fé e a dedicação a Deus para seu filho Isaac, somos chamados a modelar um legado que ressoe por meio das gerações.

É Deus, o iluminador, quem nos guia nessa tarefa. O conhecimento que adquirimos ao longo da vida, as vivências que acumulamos e a fé que aflora em nossos corações criam as fundações para o que deixaremos para aqueles que amamos. Como pais, é nossa responsabilidade promover um ambiente literalmente sagrado, rico em ensinamentos profundos e verdadeiros, que incentivem nossas crianças a perseguir seus próprios caminhos de fé, moralidade e um viver pleno.

Voltando a Provérbios 22:6, que nos orienta a "ensinar a criança no caminho em que deve andar", somos lembrados de que a educação não se limita às lições formais, mas abrange cada interação e cada conversa que temos com eles. Nossos filhos aprendem aqueles valores não só ouvindo nossas palavras, mas também observando nossas ações. Baseiam-se em tudo aquilo que experimentam ao nosso lado e replicarão aquilo que se torna habitual para eles na formação de suas próprias identidades.

A integração dos ensinamentos que discutimos ao longo deste livro deve ocorrer de forma intencional e contínua. A comunicação aberta que firmamos com nossos filhos, a prática do perdão nas relações e a confiança em Deus ao enfrentarmos desafios são os pilares de um lar forte, em que as crianças possam se sentir seguras e amadas. Esse ambiente proporcionará um abrigo seguro para elas explorarem suas identidades e buscarem seus próprios propósitos, sabendo que têm um retorno carinhoso em qualquer que seja o resultado.

Caminhar junto com eles na fé não é apenas um processo de instrução, mas também uma experiência de crescimento mútuo. Cada oração compartilhada, cada estudo bíblico conduzido em família e cada gesto de amor e fé construirá um vínculo mais forte entre pais e filhos. A união gerada por essas práticas não fará apenas com que eles se sintam mais próximos de Deus, mas também promove um laço inquebrável entre nós, enquanto moldamos um legado de amor, respeito e fé.

Olhar para o futuro com esperança é essencial. As lições que damos hoje podem inspirar filhos que, por sua vez, se tornarão pais e portadores desse legado. O trabalho e os valores que plantamos podem reverberar por meio de gerações, enraizando-se na psique de uma nova época cheia de esperança, fé e determinação. Devemos sempre lembrar que seremos exemplos, seja na adversidade ou na prosperidade, pois é em ambos os contextos que nossos filhos aprenderão sobre caráter e resiliência.

Então, ao encerrarmos este livro, que possamos nos manter dedicados a desejar o melhor para nossos filhos. Que possamos sempre incentivá-los a perseguir seus sonhos e a permanecer firmes em sua fé. O futuro que eles edificarão será, muitas vezes, um reflexo do que lhes ensinamos e da maneira como vivemos nossas próprias vidas. E, ao final, a maior herança que podemos deixar é a certeza de que nossos filhos não apenas honrarão a Deus, mas também se tornarão luz e exemplo para o mundo, perpetuando esses valores eternos.

Que ouçamos sempre a voz de Deus nos guiando, que cada passo nosso compartilhe um pouco dessa luz e que, juntos, construamos um mundo melhor, digno do legado que desejamos deixar para as próximas gerações. Com fé e amor, que possamos continuar a jornada, sempre comprometidos em deixar um presente inspirador e um futuro iluminado.

A integração dos ensinamentos que aqui discutimos ao longo dos capítulos é de suma importância. Cada pilar – a comunicação aberta, o perdão, a confiança em Deus e a perseverança – constrói, em conjunto, uma base sólida para a vida de nossos filhos. Ao incentivarmos a prática desses valores na rotina familiar, não apenas lhes oferecemos ferramentas para enfrentar as adversidades, mas também cultivamos, em cada um deles, um senso profundo de propósito.

As Escrituras nos oferecem verdades que podem ser balizadores nesta jornada. Ao realizarmos atividades cotidianas em família, como refeições ou momentos de lazer, podemos, de forma simples, introduzir discussões sobre as virtudes que desejamos cultivar. Aqui, podemos aproveitar dos versículos de Provérbios, que enfatizam a importância da sabedoria e do aprendizado: "A sabedoria é a principal coisa; adquire, pois, a sabedoria" (Provérbios 4:7), estimulando nossos filhos a valorizarem o conhecimento e o entendimento enquanto trilham seus caminhos.

Como pais, devemos ser um exemplo genuíno na aplicação dos ensinamentos. Nossos filhos observam e aprendem não apenas por meio das palavras, mas também pelo modo como lidamos com desafios e perigos. Quando erramos, seremos humildes para reconhecer e procurar o perdão, mostrando que todos somos imperfeitos, mas que, ainda assim, podemos sim buscar fazer o melhor. Isso cria um legado de responsabilidade e transforma o aprendizado em uma prática real de vida.

Outra forma de reforçar esses ensinamentos é por meio da oração conjunta. Assim como Jesus fez, devemos integrar a espiritualidade em nossos lares, confiando em Deus a cada passo que nossos filhos derem. É essencial que a oração não seja um momento apenas formal, mas uma prática íntima e sincera, em que expressamos nossos medos, criando, assim, uma conexão forte e segura entre nós e Deus.

Proponho que um dia da semana seja reservado para compartilhar as experiências da semana em casa, dando espaço para que todos expressem suas vitórias e derrotas. Isso promove um ambiente acolhedor, em que eles se sintam confortáveis para compartilhar seus desafios e receber orientação. É uma maneira de reafirmar continuamente os pilares que acabamos de incorporar em nossas vidas.

Nesse ciclo de constante reflexão e aprendizado, eles não apenas se sentirão amados e apoiados, mas também se tornarão construtores de seu próprio legado de fé e integridade. Por fim, somos chamados não apenas a ensinar, mas também a celebrar cada pequena vitória e conquista, cultivando um laço forte e nutrido pela gratidão, como ensina 1 Tessalonicenses 5:18: "Em tudo dai graças, porque esta é a vontade de Deus em Cristo Jesus para convosco".

Essa prática generosa de gratidão não só os instruirá sobre a importância de valorizar as coisas boas em suas vidas, mas também os lembrará da necessidade de enfrentar os desafios com otimismo e força. Assim, unindo todos esses ensinamentos, seguiremos juntos, construindo um legado de fé que transcende gerações, sempre amparados pelo amor de Deus, firmes em nosso propósito de criar filhos que honrem as tradições e valores que receberam e que sejam luz neste mundo.

    Refletir sobre o legado que estamos construindo para nossos filhos é uma tarefa não apenas importante, mas também profundamente necessária. Ao olharmos para trás, nos perguntamos: que princípios, valores e experiências queremos que eles carreguem consigo? O impacto do legado familiar se revela nas pequenas coisas do cotidiano, nas lições aprendidas e nas memórias construídas. Histórias como a de Abraão e Isaac, em que a fé e a dedicação são transferidas de geração em geração, nos ensinam sobre a responsabilidade que temos em moldar o futuro das nossas crianças com base em nossas vivências e valores.

    Os pais devem se esforçar para transmitir intencionalmente crenças que ajudem seus filhos a enfrentar os desafios da vida. Assim como um jardim precisa ser cultivado, o conhecimento e os princípios que oferecemos exigem nossa atenção e dedicação. Não se trata apenas de ensinar, mas de ser um exemplo vivo do que desejamos que eles se tornem. Que o amor e o respeito permeiem nossas interações, e que possamos ser um reflexo do que aspiramos ver neles.

    Resumindo os ensinamentos abordados ao longo de nossa jornada, podemos identificar os pilares que sustentam a construção familiar. A comunicação aberta, a prática do perdão, a confiança em Deus e a perseverança são fundamentais para criar um lar seguro e amoroso. Como afirma Provérbios 22:6: "Ensina a criança no caminho em que deve andar; e ainda quando envelhecer não se desviará dele". Essa instrução não é meramente uma dica, mas um guia essencial para a caminhada.

Ao triunfarmos juntos nas vitórias e aprendermos juntos nas dificuldades, criamos laços que se fortalecem. Como família, podemos estabelecer rituais que celebrem nossa fé e fortaleçam nossas relações, trazendo-os à vida por meio de momentos como a oração em conjunto ou as reuniões familiares para discutir as experiências da semana.

À medida que continuamos a educar nossos filhos, devemos lembrar que a fé que cultivamos juntos é a energia que os impulsionará em suas vidas. Um lar em que a espiritualidade é vivida fortalece não apenas o indivíduo, mas toda a família. Fomentar um ambiente de amor e apoio é essencial para que os filhos encontrem não apenas abrigo, mas também incentivo para alimentar suas esperanças e perseguir seus sonhos.

O futuro que moldamos não é definido apenas pelos obstáculos que superamos, mas também pelos objetivos que almejamos. Ao guiar nossos filhos no caminho do respeito e da honra, a Deus, estamos lançando alicerces sólidos que os sustentarão, permitindo que cresçam como indivíduos íntegros e comprometidos com valores éticos. E como são essenciais as palavras de encorajamento ao final do dia, relembrando-lhes que, independentemente da adversidade, há sempre uma luz a ser seguida.

Por fim, transmitimos a mensagem de esperança: que cada criança, ao receber o legado de valores sólidos e amor, se torne uma luz para o mundo. E que, ao longo das gerações, essa chama continue a brilhar, conduzidos pela fé e firmados em princípios que permanecerão sólidos por meio das gerações.

A reflexão sobre o legado que deixamos para nossos filhos é um tema profundo e essencial para a vida familiar. À medida que encaramos o desafio de criar nossos filhos, devemos nos perguntar constantemente quais valores e ensinamentos queremos transmitir. A história de Abraão e Isaac nos mostra a importância da fé, da confiança em Deus e do comprometimento com os princípios sagrados, que moldam não apenas a vida presente, mas também o futuro de nossas crianças.

Ser pais é mais do que simplesmente proporcionar o básico; é deixar um legado que perdurará por gerações. Cada diálogo, cada rito familiar ao redor da mesa e cada experiência compartilhada constrói a fundação para o futuro de nossos filhos. Ao cultivar um ambiente em que o amor e a fé em Deus são protagonistas, como nos ensina Provérbios 22:6, estamos, na verdade, preparando-os para serem luz no mundo. A responsabilidade recai inteiramente sobre nós, pais, para que façamos as escolhas certas e guiemos nossos filhos pelo caminho da justiça e da verdade.

Nossos ensinamentos precisam estar entrelaçados com as ações do dia a dia. As atitudes que tomamos diante das adversidades, a maneira como exercemos o perdão e a sinceridade serão os verdadeiros exemplos para nossos filhos. Ao demonstrarmos como lidar com conflitos por meio da empatia e do diálogo, estamos oferecendo ferramentas valiosas para que cultivem relacionamentos fortes e harmoniosos. Além disso, nosso vínculo com Deus e a confiança plena em sua orientação, especialmente nos momentos desafiadores, devem ser constantemente refletidos em nossa conduta. É ao falarmos sobre nossa espiritualidade com sinceridade e amor que firmamos a inteligência emocional de nossas crianças.

Além disso, é imprescindível que não apenas falemos, mas também pratiquemos os valores que desejamos que nossos filhos absorvam. Deixar um legado é um compromisso de cada dia. Peço que consideremos a ideia de um "legado vivo", no qual avaliamos nossas ações diárias e realizamos rituais familiares que englobem gratidão, oração e compartilhamento de experiências. A oração em conjunto, as discussões sobre passagens bíblicas e celebrações das pequenas vitórias fortalecem os laços familiares e a conexão espiritual.

À medida que caminhamos nessa jornada, precisamos lembrar que a fé é fundamental na formação da identidade de nossos filhos. Criar um ambiente de aprendizagem, em que as perguntas são bem-vindas e em que o erro é visto como uma oportunidade de aprendizado, é crucial. Quando nossos filhos sentem que têm segurança para explorar suas dúvidas, tornam-se mais propensos a desenvolver uma fé autêntica e pessoal.

Finalizando, o que desejamos para o futuro de nossos filhos? Que sejam agentes de mudança, que honrem a Deus em suas vidas e cultivem valores de respeito, compaixão e integridade. Que se tornem adultos que não apenas vivam para si mesmos, mas que sirvam ao próximo e promovam um mundo mais justo e amoroso. Esse é o legado que podemos deixar: mais do que palavras, uma herança de ações que ecoará a partir de gerações.

Exorto cada um de nós a olhar para nossas ações e refletir sobre como podemos ser melhores narradores na vida de nossos filhos. Que, a cada ato de amor e a cada lição de vida, possamos estar plantando as sementes de um legado que se eternizará, tornando nossos filhos faróis de esperança e amor em um mundo que tanto precisa. Portanto, que sigamos firmes na fé e na esperança, sabendo que estamos construindo, juntos, um futuro brilhante para nossos pequenos.

QUERIDO LEITOR,

Ao chegar ao final desta obra, quero expressar minha mais sincera gratidão por sua companhia nesta jornada. Escrever sobre a criação de filhos para Deus tem sido não apenas um ato de fé, mas também uma profunda reflexão sobre o que significa ser pai ou mãe em um mundo repleto de desafios e incertezas. Cada página escrita foi motivada pelo desejo de inspirar e encorajar você na missão divina de educar seus filhos com amor, valores e ética, princípios fundamentais que moldarão seu futuro e o de todos ao seu redor.

Acredito que, ao integrar a espiritualidade à educação familiar, estamos não apenas formando caráter, mas também erguendo um legado que irá perdurar por gerações. Os laços que construímos em família são os mais profundos e significativos. Quando investimos tempo e dedicação nesses relacionamentos, cultivamos um ambiente em que a comunicação aberta, o perdão e a confiança se entrelaçam, formando um lar acolhedor e repleto de amor.

É minha esperança que, a partir das páginas deste livro, você encontre ferramentas práticas para enfrentar os desafios que surgem durante a educação de seus filhos, guiando-os pelos caminhos de Deus. Que a fé se torne a âncora que os sustente em momentos de incerteza e que a união familiar, fundamentada nos preceitos bíblicos, permita que cada um possa florescer em sua essência.

Lembre-se sempre: os ensinamentos que oferecemos hoje servirão de base para que, um dia, eles possam seguir em frente com coragem e sabedoria. Que seus filhos se tornem não apenas seres humanos íntegros, mas também luz para aqueles que os cercam, espalhando amor e bondade por onde forem.

Que Deus continue abençoando cada passo seu e de sua família nesta bela jornada da vida. Agradeço, novamente, por me permitir compartilhar um pouco do que aprendi e vivenciei sobre a incrível obra da criação.

Com carinho e gratidão,
Mazinho Vieira